마흔 그대,
인생 2막의
꿈을 찾아라

마흔 그대,
인생 2막의 꿈을 찾아라

지은이 | 서병철
펴낸곳 | 북포스
펴낸이 | 방현철

편집자 | 공순례
디자인 | 엔드디자인

1판 1쇄 찍은날 | 2013년 4월 05일
1판 1쇄 펴낸날 | 2013년 4월 12일

출판등록 | 2004년 02월 03일 제313-00026호
주소 | 서울시 영등포구 양평동5가 18 우림라이온스밸리 B동 512호
전화 | (02)337-9888
팩스 | (02)337-6665
전자우편 | bhcbang@hanmail.net

ISBN 978-89-91120-68-6 03320

값 14,000원

밥벌이가 아닌 내 인생의 리모델링을 위하여

마흔 그대, 인생 2막의 꿈을 찾아라

서병철 지음

북포스

마흔 어느 날의 꿈

온갖 새들이 갇힌 새장 안에 특히 몸집이 큰 한 마리 새가 있었다. 이놈은 커다란 날개를 가지고 있으면서도 날갯짓을 제대로 해본 적이 없었다. 밥때가 되면 누가 주는지도 모르는 먹이로 허겁지겁 배를 채웠다. 따스한 햇살이 중천에 닿도록 졸고 있으면 또 한 줌의 끼니가 자기 앞에 주어졌다. 무료한 일상은 변함없이 이어졌다. 고민과 걱정 따위는 울 밖 남의 세상에나 있는 일이었다.

일상의 안온함에 신물이 날 즈음, 어느 날 느닷없이 새장 문이 열렸다. 저절로 열린 게 아니라 무리 중 몇몇이 끊임없이 열려고 시도한 결과였다. 새장은 우왕좌왕 아수라장이 되었다. 그 와중에 문을 열어젖힌 무리는 멋지게 허공으로 날아올랐다. 남은 무리는 동경의 눈으로 그들의 화려한 비상을 쳐다보았다. 무리의 뒷모습이 아스라이 사라질 때까지 눈을 떼지 못했다. 고만고만한 울안의 새들은 자신의 몸에 달린 날개를 원망했다. 왜 날갯짓도 못 하면서 자신의 몸에 붙어 무겁게 하느냐는, 네가 하는 역할이 도대체 뭐냐는 힐난이었다. 안 그랬다면 자신도 멋지게 비상한 그 무리 중의 하나로 이곳을 벗어났을 것이라는 자조였다. 새들은 서로를 보며 날지도 못하는 멍청이라고 흉을 보았다. 이후로 그들은 더 이상 새가 아니었다.

아침마다 열린 문으로 사람의 억센 손이 들어왔다. 그 손은 무리 중 한 마리를 홱 잡아채 갔다. 점심때가 지나고 밤이 되어도 잡혀간 새는 돌아오지 않았다. 하지만 새장 안의 무리에게 그런 일은 안중에도 없었다. 왜 데리고 나가는지, 무엇 때문에 돌아오지 않는지 알려 하지 않았다. 아니, 그럴 필요가 없었다. 새장은 여전히 새들로 가득했으니까. 평온은 그렇게 위태롭게 유지되고 있었다.

무리의 반쯤이 어디론가 사라지고 새장 안이 듬성듬성해졌을 때에야 서서히 불안과 두려움이 찾아들었다. 불안과 두려움이 맨 먼저 덮친 건 일상의 안온함이었다. 주위의 몇몇은 불안에 떨며 무리 가운데로 파고들었다. 여전히 문은 열려 있었지만 아무도 밖으로 나서지 않았다. 몸집 큰 새도 그중 하나였다. 걱정과 고민에 휩싸였다. 아무래도 다음 차례는 자신일 것 같다는 예감이 스쳤다.

그냥 이대로 있어서는 안 되겠다는 생각이 들었다. 엄습한 불안과 두려움에서 빨리 벗어나고 싶은 마음이 간절했다. 그러려면 어떻게든 새장을 떠나야 했다.

한 번도 써본 적이 없던, 힐난만 했던 날개를 퍼덕거려보았다. 옆구리가 찢어질 듯 아팠다. 하지만 방법은 먼저 떠난 무리처럼 나는 수밖에 없었다. 고통 속에서도 몇 날 며칠을 날갯짓만 했다. 그러자 어느 순간 몸이 살짝 떠올랐다.

"오, 이런! 나도 날 수 있단 말인가. 멋지게 창공을 휘젓는 독수리였단 말인가!"

그제야 몸집 큰 새는 자기 몸을 찬찬히 훑어보았다. 기름진 갈색 깃털이 짙은 회색 깃털 사이에서 햇살을 튕겨내고 있었다. 부리는 무뎠지만 갈고리 모양만은 엄연했다. 그동안 새장의 철망을 잡고 버티느라 애쓴 덕분인지 발톱은 아직 날카로움을 유지하고 있었다. 흡족했다. 이 정도면 자신도 앞서 떠난 무리처럼 날 수 있을 것이란 자신감이 솟구쳤다.

밤이 되었다. 서늘한 바람 속에서도 한쪽이 이지러진 달은 유달리 밝았다. 그 달빛에 자신의 그림자가 어른거렸다. 왠지 무리 중 가장 두드러져 보였다. 날이 밝으면 날아보리라. 충분히 날 수 있을 것 같았다. 그동안 잠을 설쳤더니 잠이 쏟아졌다.

"좋아. 푹 자고 나면 힘이 더 솟을 거야! 내일이면 창공을 멋지게 날고 있겠지. 아, 기분 좋은 밤이구나."

아침이 밝았다. 눈을 떴다. 상쾌했다. 그런데 이상했다. 날갯짓을 하지도 않는데 자신이 허공에 떠 있는 것이 아닌가. 도대체 뭐지? 날개를 움직여보았다. 며칠 동안 그토록 많은 연습을 했는데도 꿈쩍도 하지 않았다. 움직일수록 더 옥죄어 고통스러웠다. 정신을 차리고 보니 자신의 날개를 누군가가 꽉 움켜쥐고 어디론가 가고 있었다. 고개를 들어 자신이 가고 있는 곳을 쳐다보았다. 커다란 솥이 눈에 들어왔다. 아궁이에는 시뻘건 불이 넘실대고 솥에는 허연 김이 무럭무럭 피어오르고 있었다. 솥 주위에는 자신의 것과 똑같은 깃털들이 여기저기 흩어져 있었다.

"아니 저것은? 그럼 내가 가는 곳이? 아악! 이럴 수가‥!"

꿈이었다. 식은땀을 훔치고 가슴을 쓸어내렸다. 1막의 끝이 보이는 마흔줄에 들어선 후 잊을만 하면 찾아드는 몹쓸 환영들. 먼저 떠난 무리를 동경하면서 울안에 남은 자신의 처지를 꼽아볼 때마다 절망과 한숨, 불안에 휩싸이곤 했다. 주위를 둘러보면 아직 고만고만한 이들이 있어 견딜만 하지만 결코 위안은 되지 않는다. 생각해보니 마흔의 모든 문제는 여기에서 비롯되었다.

마흔 속에서 만난 '경쟁과 초조, 남의 시선과 외로움, 속도와 잃어버린 풍경, 현실의 안온함과 불안한 미래, 밥벌이와 자기 브랜드, 정체성과 혼란, 교류와 폐쇄, 꿈과 체념'은 서로 맞물리고 밀쳐

내면서 많은 감정을 생산했다. 이것들은 삶마저 힘들게 했다.

어두운 방안을 둘러보았다. 누군가 구석진 곳에 웅크리고 있었다. 마음보다 앞서 몸이 물었다. "나도 이렇게 고된데 그동안 어떻게 지내왔느냐?"고. 막 고갯마루에 이른 마흔에게서 "네가 더 잘 알고 있지 않느냐?"는 성난 대답이 돌아왔다. 그러곤 그는 더욱 웅크린 채 되돌아 앉았다.

짠했다. 나도 마흔줄인데 그 심정을 모를 리 있겠는가. 돌아앉은 마흔을 어루만져주고 싶었다. 마흔의 심정을 대변해주고 싶었다. 아니, 위로받고 싶었다.

밥벌이란 범에 쫓겨 다니느라 꿈을 잊어버렸다. 브레이크가 고장 난 자동차처럼 앞만 보며 달리느라 도대체 내가 잘하는 것이 무엇인지, 뭘 하고 싶어하는지를 생각해볼 엄두를 내지 못했다. 신산하고 팍팍한 현실에서 꿈이 비워진 자리로 자괴감이 찾아들었다. 첫째 장에서는 다시 한 번 꿈꾸기를 격려하며 자괴감을 몰아내고 싶었다.

속도를 높이면서 잃어버린 것은 풍경만이 아니었다. 경쟁과 불안으로 조급해지면서 삶의 근원적인 물음도 놓쳤다. 무엇 때문에 사는지, 왜 사는지를 자문하지 않는 삶에는 외로움과 고독감이 수맥처럼 꿈틀거렸다. 둘째 장에서는 손을 꽉 잡고 고독과 외로움을 나누고 싶었다.

한 번도 제대로 쉬지 못한 채 밀어 올리면 곧바로 굴러 내려오는 바위에 모든 것을 빼앗기고서 남의 이목만을 의식하며 살아가는 시시포스의 허망함이 보였다. 그곳에 내면의 자기는 없었다. 셋째 장에서는 그 허망함을 다독이며 자기를 찾으라고 용기를 건네고 싶었다.

많은 사람을 안다고 착각하고 그것이 세상 전부라 생각하며 울 안에서 살아온 일상 너머에는 현실이 받쳐주지 못한 로망만 난무했다. 울안의 안온함 뒤에는 미래에 대한 불안과 두려움이 가득 고여 있었다. 넷째 장에서는 그 불안과 두려움을 남김없이 퍼내고 싶었다.

당장에 '먹고사는 문제'가 급하니 오직 일에만 매달렸다. 죽으라 일했지만 아직도 어디서나 통하는 자기 브랜드를 지니지 못했다. 무리를 벗어나면 도무지 소용없는 재주들, 그곳에서 정체성을 찾아 떠돈 마흔의 삶, 그래서 무리가 밀어내도 끝까지 버틸 수밖에 없는 현실…. 다섯째 장에서는 붙잡은 손아귀에 힘을 주고 다시금 계획하고 시작하자며 청하고 싶었다.

책 쓰기를 마음먹었던 작년 여름, 거창 수승대로 갔다. 유유히 흐르는 물처럼 거침없이 글이 써지길 발원하기 위함이었다. 그러나 넓은 내를 채 건너기 전에 접신(接神)을 위해 들고 갔던 책들을 몽땅 물에 빠뜨리고 말았다. 그 실수 때문이었는지 글을 쓰는 동안

한 번도 일필휘지(一筆揮之)를 체험하지 못했다.

여름에 쓰기 시작해 겨울에 퇴고했으니 반년이란 시간이 삶의 꿰미에서 빠져나갔다. 시간의 절대크기는 얼마 되지 않지만 내가 느낀 크기는 어마어마했다. 이 순간에도 생소했던 그 길의 지난함을 가늠할 수 없다.

도움을 주고받는다는 것은 가슴을 섞는 일이다. 마음이 마음으로 건너가는 것이다. 이제껏 쓴 활자들이 살아 펄떡거린다면, 그래서 그 펄떡거림이 읽는 이들의 가슴으로 스며들어 조금이라도 위로가 된다면, 그것은 결국 섞인 가슴들이 이룬 결과일 터다. 꿈을 응원해준 주위의 많은 분과 같은 꿈을 꾸며 걷고 있는 도반들의 격려가 없었다면 오던 길을 진즉 되돌아갔을 것이다.

책이 나오기까지 많은 선후배, 동료들의 진솔한 삶이 밑거름이 되었다. 그들의 삶에 진심으로 경의를 표한다. 부족한 원고를 멋진 책으로 만들어준 출판사 북포스에 또한 고마움을 전한다. 글을 쓰는 동안 묵묵히 지켜봐 준 영원한 나의 지지자 지은과 방해될까 봐 내내 까치발로 지냈던 아들 민욱(산)과 딸 현에게도 고맙다는 말을 빼놓을 수 없겠다.

누구보다도 이 책을 손에 든 독자들에게 깊이 고개 숙인다.

2013년 수류화개(水流花開) 봄날에 서병철

1장

고개를
들어보니,
마흔이었다

나도 할 만큼은
했는데 이게 뭐지?

———————— 지긋지긋하던 폭염을 쓸어버리기라도 할 듯 여름비가 연거푸 내렸다. 한바탕 비가 쓸고 간 뒤로 하늘은 높아지고 날은 선선해졌다. 물기 머금은 풀숲에는 풀벌레 소리가 커졌다. 머지 않아 계절이 또 바뀌고 한 해가 저물 것이다. 이럴 때면 아무것도 해놓은 것 없이 한 해가 사라져간다는 생각에 자괴감과 후회가 밀려온다.

자괴감과 후회 따위의 감정은 평소 마음 깊숙한 곳에 가라앉아 있는 욕망에서 비롯된다. 이러한 욕망은 '절대적 부재'에서 기인하기보다는 '상대적 부재'가 불러온다. 마흔에서 만나는 욕망도 대개 상대적 부재에서 비롯된다. 끊임없이 누군가와 비교하기 때문이다. 마흔의 욕망을 다루기가 그리 간단치 않은 이유다. 채우기가 절대 쉽지 않다.

심리학자들은 인간은 상대적인 것들로는 행복해질 수 없다고 한다. 그런 의미에서 마흔이 행복과 늘 일정한 거리가 있는 것은 어쩌면 당연한 일인지도 모른다. 무리 속에서 치열한 경쟁을 하며 상대적 비교에 따라 성패가 좌우되는 삶을 살기 때문이다.

후배가 먼저 승진할 것이란 소문이 주변 사람의 입에 오르내리면 마흔의 가슴에는 온통 비수가 꽂힌다. 무리해서라도 어떻게든 사야 한다는 말에 처음부터 은행의 것이 된 집은 여전히 이자 잡아먹는 애물단지인데, 누구는 40평대로 이사한다더라는 소리가 들리면 속에서 불덩이가 솟는다. 20년도 더 된 내 자가용은 시도 때도 없이 엔진을 멈추는데 며칠 전에 최신형 세단으로 바꾸었다며 보란 듯이 추월해 가는 놈을 보면 육두문자가 절로 나온다. 누구는 아이가 학교에서 1, 2등을 한다며 이른 새벽 학원으로 실어 나르면서 싱글벙글인데 게임기 앞에서만 반짝거리는 아들놈은 있는 속, 없는 속 다 긁어놓는다. 이젠 너덜너덜해져 더 긁힐 속도 없다.

해진 소파에서 고치처럼 뒹굴다 주말 내내 아이들에게 눈총받고 아내에게 잔소리를 듣노라면 그야말로 삶이 서글퍼진다.

'도대체 행복은 왜 나만 피해 갈까? 누구에게는 너무나 쉬워 보이는 행운이 무엇 때문에 나에게는 겉돌기만 하는가?'

고개 들어 하늘을 봐도 푸념만 나온다. 나도 할 만큼은 했다. 학창 시절 우등생까지는 아니지만 공부도 남들만큼은 했다. 결혼 전에는 놀기 좋아하는 친구들의 유혹에도 꿋꿋하게 견디며 알뜰살뜰 저축했고 조그마한 전셋집이었지만 깨소금 신혼도 거기서 났다. 부러움을 살 정도는 아니라도 한 식구 건사할 수 있는 회사에도 들어갔다. 당연히 야근하고 특근하느라 이른 아침 집을 나서 별 보며 퇴근하는 날이 많았다. 일이 많은 주말에는 휴일도 자진 반납했다. 상사의 눈에 딱 들지는 못했지만 내 딴엔 머리 수그려가며 자존심도 버렸다. 해외여행까지는 아녀도 가족을 데리고 오토캠핑을 다니며 짐꾼과 기사 노릇 충실히 했다.

'그런데 왜, 도대체 왜, 나의 삶은 남들처럼 나아지지 않을까?'

산길을 걷던 나그네가 갑자기 나타난 범에 쫓기게 되었다. 한참을 정신없이 앞만 보고 달리다 보니 벼랑 끝으로 몰렸다. 범은 바로 등 뒤까지 바짝 쫓아왔고 금방이라도 달려들어 삼켜버릴 것처럼 입을 쩍 벌렸다. 덩치가 얼마나 큰지 벌린 입이 그의 키만 했다. 주위를 둘러보았다. 다행히 절벽 아래로 굵은 덩굴이 내리뻗어 있는 게 보였다. 잽싸게 덩굴을 잡고 절벽 아래로 내려갔다. 얼마간

내려가던 나그네는 아래를 보고는 깜짝 놀라 정신을 잃을 뻔했다. 절벽 아래에는 하얀 물보라를 일으키며 검푸른 바다가 출렁이고 있고 무시무시한 용이 헤엄치며 그가 내려오기를 기다리고 있지 않은가. 그뿐이 아니었다. 어디서 왔는지 쥐 두 마리가 유일한 생명줄인 덩굴을 날카로운 이빨로 갉아 먹기 시작했다. 절벽 위에는 사나운 범이 여전히 꼼짝도 않고 노려보고 있었다. 나그네는 공포에 떨며 어찌할 바를 몰랐다.

바로 그때 덩굴을 잡고 있는 손등으로 뭔가 똑, 똑 떨어졌다. 혀로 살짝 맛을 보니 다디단 꿀이 아닌가. 평소 단것을 좋아하던 나그네는 목숨이 경각에 달렸음에도 허겁지겁 꿀을 먹기 시작했다. 그렇게 꿀 먹는 데 정신이 팔린 채 사나운 범과 무시무시한 용, 날카로운 이빨의 쥐를 잊어버렸다.

이 이야기를 처음 접했을 때 가슴 밑이 저리고 우둔거려 안절부절못했던 기억이 또렷하다. 이야기 속의 나그네가 바로 나였으니까. 마흔의 벼랑에 내몰린 나를 이렇게 선동한 이야기가 또 있었던가. 이러지도 저러지도 못하는 현실에서 눈앞의 안온함만 추구하는 마흔의 나를 다잡기에 부족함이 없었다.

누구에게나 '밥'은 숭고하다. 농부에게만 소중히 받들어지는 것이 아니다. 밥은 생명이고 삶의 원천이다. '살기 위해 먹느냐, 먹기 위해 사느냐가 철학자들에게는 평생 화두일지 모르지만 식솔을 책임져야 하는 가장에게는 너무나 명백하다. 밥벌이는 가장의 숙명이고 존재 이유다. 그걸 회피하는 순간 이미 가장의 존재 의미는 사라진다.

대부분의 가장은 밥벌이란 범에 쫓겨 어디로 향하는지도 모른 채 허겁지겁 달렸다. 그러다 보니 눈 깜짝할 새에 마흔이란 벼랑에 내몰렸고 고개를 들어 앞을 봤을 땐 피할 수 없는 절벽을 마주하게 된 것이다. 돌이키기에는 한참이나 늦어버렸다. 돌아갈 수도, 옆길로 새거나 앞으로 계속 밀고 나갈 수도 없는 막다른 상황. 아무리 사방을 두리번거려도 탈출구는 보이지 않는다.

대기업에 다니는 한 친구는 만났다 하면 한숨부터 내쉰다. 내년에도 지금의 자리를 유지하고 있을지 확신이 없다는 거다.

"요즘엔 술을 마셔도 취하지 않고 잠자리에 들어도 잠이 안 와. 눈을 감으면 회사를 그만두면 뭘 해서 먹고사나, 아이들 교육비에다 대출금 같은 건 어떻게 감당해야 하나…, 이런 생각들이 꼬리에 꼬리를 물고 이어지는데 미쳐버리겠어. 벌어놓은 게 있어야 뭐라도 시작을 해볼 텐데…. 이런 나와는 달리 마누라는 누웠다 하면 5분도 지나지 않아 금세 코 골고 떨어져. 그러면서 이제 곧 가을인데 입을 옷이 없다느니 주말인데 남들처럼 놀러 안 가느냐니 하면서 잔소리를 늘어놓는데 속에서 불구덩이가 울컥하고 올라와. 나는 속이 까맣게 타들어 가고 있는데 어떻게 그런 태평스러운 소리가 나오나 싶어서. 그러면서도 한편으론 오히려 그런 마누라가 부럽다는 생각이 들어.”

소주잔을 내려놓은 친구는 자조 섞인 목소리로 말을 이었다.

“요즘 내가 무슨 낙으로 사는지 알아? 웃기겠지만, 복권이야. 오천 원짜리 로또복권이 내가 바라볼 수 유일한 낙이라고. 예전에는 복권에 일주일치 희망이 있다는 말이 무슨 뜻인지 몰랐는데, 이제는 알겠어.”

왠지 모르게 내 가슴도 휑해지는 것 같았다.

마흔이라면 대략 인생의 절반에 해당하는 셈이다. 사람들은 처음과 끝을 중하게 여기지만 가운데는 눈여겨보지 않는다. 시작과 결과가 모든 걸 지배한다고 착각하기 때문이다. 그래서 삶의 허리에 해당하는 마흔을 소홀히 지나치는 어리석음을 저지른다.

마흔은 '마흔 이후의 10년이 남은 인생을 좌우한다'는 말이 있을 만큼 중요한 시기다. 절대적으로 변화가 필요한 나이다. 지금껏 걸어온 길은 마흔이 지나면 더는 소용이 없다. '지금에 와서 달라진다고 내 인생이 얼마나 바뀌겠어?'라는 부정적인 생각에 차 있다면 '지금 변화하지 않으면 죽는다'는 절박함으로 바꾸어야 한다.

사람은 상황에 따라 움직이기 때문이다. 그렇게 하지 않으면 언제나 부정적인 생각에 지기 마련이다.

쫓아온 범을 맞서자니 용기가 부족하고, 뛰어내리자니 검푸른 바다의 용에 먹힐까 두렵다. 마냥 덩굴만 잡고 버티면서 눈앞에 떨어지는 달콤한 꿀에 취해 절박한 현실을 잊어버린다. 익숙함과 편안함이 암세포처럼 삶의 구석구석으로 퍼진다.

다행히 사람은 태생적으로 권태에 민감하다. 한자리에 오랫동안 있으면 지루해하고 같은 사람을 매일 만나는 것을 따분해한다. 그래서 권태에서 벗어나기 위해 변화에 뛰어든다.

연말이 가까워진다. 누구는 승진하고, 보너스를 받고, 집을 넓혀 이사하고, 더 큰 차로 바꾸고, 잘난 아이를 둔 덕에 싱글벙글할 것이다. 반면 누군가는 막막한 현실과 암울한 미래에 대한 불안감, 그동안 안일하게 살아온 자신에 대한 자괴감과 후회에 시달릴 것이다. 그러면서도 주말이면 여전히 조마조마한 새가슴으로 해진 소파에 누워 TV 리모컨이나 붙들고 벼랑 끝에 서 있는 현실을 외면할 것이다. "행복은 왜 나만 피해 가는 거야?"라고 툴툴거리면서 말이다.

언론에서는 연일 경기가 어렵다고 북을 치듯 떠들어댄다. 기업에서도 비용을 줄이고 지금보다 더 허리띠를 졸라매는 비상경영을 서두른다. 비상이란 말이 나돌면 꼭 뒤따라 등장하는 말이 있다. 몸집을 줄여야 한다는 말이다. 해법은 항상 구조조정, 명예퇴직이라는 단어로 수렴된다. 조직 생활을 하는 이들에게 이 말은 곧 사형선고와 다름없다.

  마흔이라면 과감히 결단을 해야 할 시기다. 더 미루다가는 손을 쓸 수 없는 지경에 이르게 된다. 결단은 곧 선택과 행동이다. 달콤한 꿀을 뒤로하고 뛰어내려서 검푸른 바다의 용과 싸우든지, 기어 올라가서 다시 범과 맞서든지, 아니면 가장 만만한 쥐새끼라도 쫓아내든지. 지금의 결단에 남은 미래가 꽃처럼 화사하게 필 수도 있고 초상집처럼 어두워질 수도 있다.

인생이라는 마라톤에서
반환점을 지나다

──────── 직장 일로 알게 된 한 선배가 몇 해 전 위암

선고를 받았다. 마흔 중반을 갓 넘긴 나이였다. 초등학교 6학년,

중학교 3학년짜리 두 아이와 전업 주부 아내를 건사하는 가장이

었다.

그의 직장 생활은 내세울 것 없이 초라하기만 했다. 동기들은 모

두 차장, 부장으로 승진해서 한 부서의 장으로 최고의 나날을 보

내고 있지만, 그는 만년 과장이었다. 대기업에 다닌다지만 과장의

월급봉투는 생각보다 얇기만 하다. 세 치 혀를 날름거리며 입을

벌리고 있는 아이들 학원비에 몽땅 쏟아붓고 나면 네 식구는 그야

말로 외식 한 번 제대로 할 수 없는 형편이었다.

그런 사정인데 암에 걸리고 말았으니 청천벽력 같은 소리가 아닐 수 없다. 그런데도 그의 표정은 담담하기만 했다. 주위 동료들은 의아하게 생각했다. 계절이 바뀌어 날이 쌀쌀해지기 시작할 즈음에도 병원에 가는 모습을 보지 못했다. 그냥 주저앉아버리고 말려는지 병가도 내지 않고 꼬박꼬박 회사에 출근했다. 시나브로 그는 하루가 다르게 야위었다. 초기인지 말기인지조차 알 수 없었다. 누가 어떠냐고 물으면 넋 빠진 눈으로 다른 곳을 바라보는 것이 전부였다.

큰 키에 눈두덩마저 푹 꺼진 선배는 점차 겨울 억새처럼 뼈만 남은 모습이 되어갔다. 흘깃 눈길을 주었다가도 안쓰러워 계속 쳐다보기가 민망할 정도였다.

그러던 그가 돌연 병가를 내고 수술을 하러 간다고 했다. 벌써 석 달 정도가 지나서다. 그러곤 이내 회사에 복귀했다는 소리가 들렸다. 멀건 죽이지만 도시락을 싸다니기 시작했다고 했다. 통원 치료차 병원에 가는 모습도 자주 보였다. 다행히 암도 초기여서 수술은 무난했고 재발 걱정은 하지 않아도 될 정도로 깨끗이 제거되었다는 거였다.

그런데도 그의 표정은 밝지가 않았다. 암 선고를 받고 그동안 넋이 나간 사람처럼 보낸 것도 이해가 되지 않았는데, 수술이 잘 되었고 완치할 수 있다는 의사 소견에도 여전히 무덤덤하다니. 도대체 무슨 사연이 있기에 그러는지 궁금하기만 했다.

주위에서는 이미 다 알고 있던 얘기에 뒤늦게 귀를 갖다 대고서야 나도 그 사연을 알 수 있었다.

어릴 때 부모님을 여의고 가까운 일가친척도 없이 자란 그는 아이들에게 지극정성이었다. 얇은 월급봉투는 아이들의 교육비에 저당 잡힌 지 오래라 저축은 엄두조차 못 내는 형편이었다. 그나마 간혹 받는 보너스도 아이들 밑으로 사라졌다. 다행히 아이들은 학교 성적이 상위권에 들어서 아버지를 뿌듯하게 했다. 그렇다 해도 교육비는 많은 부담이 되었고, 시간이 지날수록 부담은 커져만 갔다. 빤히 보이는 수입에 목돈이 뭉텅뭉텅 빠져나가는 상황을 아내가 모를 리 없었다. 몇 번이나 맞벌이를 해보겠다고 했으나 선배는 돈은 자기가 벌 테니 아이들 뒷바라지나 신경 쓰라며 말도 꺼내지 못하게 했다.

그러던 차에 회사에서 격년으로 실시하는 종합검진에서 암 판정을 받았다. 앞이 깜깜했다. 땅이 꺼지고 하늘이 무너지는 심정이었다. 어찌할 바를 몰라하며 허둥댔다. 하지만 해결책이 나오기 전에는 아내에게 알릴 수가 없었다. 수술을 하면 최소한 몇 개월은 병원에서 보내야 할 테고 만일 수술 후에 문제라도 생기면 앞으로 어떻게 될지도 모르는 상황이었다. 똑 부러진 방도를 찾지 못한 채 차일피일 수술을 미룰 수밖에 없었다.

먹는 양도 줄고 여위는 그를 이상하게 여긴 아내가 병원에 가보자고 종용하면서 결국 모든 사실이 밝혀지게 되었다. 그가 위암에 걸렸으며 몰래 숨기고 있었고, 그것도 벌써 석 달이나 지났다는 사실에 집안이 발칵 뒤집어졌다고 했다. 우여곡절 끝에 수습을 하고 예전처럼 회사에 다니게 된 것이다.

마흔 무렵이 되면 어느 나이 때보다 가족들이 관심사 일순위에 오른다. 밥벌이 터전에서 밀리지 않으려고 발버둥치며 치열한 경쟁을 마다치 않는 것도, 새파란 젊은 상사에게 질책을 들으면서도 이를 악물며 참는 것도, 야근이나 주말 근무를 밥 먹듯 하는 것도, 아파도 아프다고 말하지 못하는 것도 모두 그놈의 부양 의무 때문이다. 자식에게 집착하는 것 역시 만족스러울 리 없는 자신의 현실을 물려주고 싶지 않기 때문이다.

마흔들이 정작 중요한 자신의 문제를 관심의 바깥에 두는 이유다. 그야말로 내 몸이 내 것이 아니라며 가족을 위해 쉼 없이 돌아야 하는 밥벌이 기계인 것이다. 꿈도 이미 아이에게로 이사를 보낸 지 오래다. 하고 싶은 것들은 이미 일상에 묻혔고 아이가 태어

날 때 이미 잊어버렸다. 오로지 무리에서 쫓기지 않고 가족을 건사하는 것이 최고의 관심사일 뿐 그 외에는 눈길 줄 틈이 없다. 이땅의 마흔이 사는 외면할 수 없는 현실이다.

태어난 이래로 가장 멀리 떠나왔다. 사위는 칠흑 같은 어둠에 둘러싸여 있다. 어른어른 안개마저 피어 있어 사위는 분간할 수 없고 어느 곳이 바른길인지 가늠도 안 된다. 시간에 대한 감각도 떨어졌다. 여차하면 추락이다. 깜깜한 어둠 속이니 앞일을 예측할 수도 없다. 술술 풀리는 일 같은 건 있어본 적이 없다. 무엇을 해도 원하는 대로 되는 게 없어 그야말로 눈물 날 지경이다. 이 땅의 마흔이 머무는 곳의 환경이다.

마흔, 앞으로 가야 할 길은 한 군데도 익숙한 길이 없다. 온통 우거진 덤불과 잡목숲뿐이어서 앞으로 가려면 새로 길을 내야만 한다. 없던 길을 만들며 가는 것은 힘들고 고통스러운 일이다. 우거진 덤불과 잡목숲을 헤쳐나오느라 온몸에는 생채기투성이다. 한번도 와보지 못한 숲에는 초조와 긴장이 가득하다. 풀숲 어딘가에 도사리고 있을 허방을 피하느라 어깨는 긴장으로 굳어지고, 한 번도 제대로 펴보지 못한 허리는 더 뻣뻣해질 것이다.

엎친 데 덮친 격으로 그러한 마흔의 뻣뻣한 등뼈에는 커다란 짐마저 얹혀 있다. 밥벌이 터전에서 죽으라 버티게 하는 짐이다. 가장의 숭고함이자 가장이라면 짊어지고 가야 할 존재의 의무다. 그런데 불행인지 행운인지 모르지만 마흔이 가야 할 길은 온 만큼의 거리는 족히 된다. 쳐다보면 까마득하다.

누구나 마흔이란 강을 건너야 한다. 그래서 알면 아는 대로 모르면 모르는 대로 무덤덤하게 맞이했다. 마흔이라는 강은 단숨에 건널 수 없을 정도로 깊고 넓다. 강을 건너면서 많은 일이 일어났다. 누군가는 고통에 못 이겨 타인에게 삶을 저당 잡혔고, 다른 누군가는 고통을 피하느라 실족하면서 더 고통스러운 강바닥으로 나가떨어졌다.

물론 대부분의 마흔은 고통을 짊어지고 강을 건너 새 길을 내며 헤쳐나갔다. 진정한 인생 2막에 들어선 것이다. 지금껏 걸어온 길과 완전히 다른 세계를 열어젖혔다.

오래전 내가 닮고 싶어했던 구본형의 책에서 마흔이 되면 펼쳐보겠다며 한 구절을 적어두었다.

∾

지는 해는 반드시 져야 한다. 그 대신 다른 곳에서 떠올라야 한다.
나는 내 해가 지는 세계에서 오후에 나왔다. 그리고 비행기를 타고
내 해가 지금 막 떠오르는 세계로 떠나왔다. 나는 두 개의 하루, 두

개의 태양을 갖게 되었다. 한 곳에서 살던 짐을 꾸리고, 다른 곳에서의 삶을 위해 다시 짐을 푸는 시기가 내겐 바로 마흔이었다. 하나의 세계가 닫히면서 또 다른 세계가 열리는 위대한 시기였다.

나중에 안 사실이지만 그 선배가 암에 걸린 주된 원인은 스트레스였다. 깨어 있는 시간 내내 긴장하며 보내야 하는 직장 일 탓이다. 그런데도 선배는 회사를 떠나지 못하고 있다. 긴장과 피로 속에서 오늘도 가장의 의무를 다하고자 애를 쓴다.

오랜만에 선배에게 전화를 걸었다. 휴일인데도 사무실에 나왔다고 했다. 월말이 가까워오는데 자신의 실적을 생각하니 집에 있을 수가 없었다는 것이다. 몇 해 전 암을 이겨내느라 죽을 먹던 선배의 초라한 모습이 목소리를 타고 흘러나왔다.

"내일모레가 아이 대학 등록금 내는 날이야. 몸이 문제야? 이번 달 마감 못 하면 큰일 나. 어떻게든 졸업은 시켜야 하잖아. 문제 되면 애들 얼굴 어떻게 봐. 내가 아버진데…."

마흔으로 산다는 것은 이런 거다. 부모 봉양과 자녀 양육이라는 무거운 짐을 지고, 정년도 보장받지 못한 채 퇴직 이후를 고민해야 하는 불안한 현실에 항상 가슴을 졸여야 한다. 자신을 돌볼 틈도 없이 가족이라는 울타리를 지키기 위해 모든 걸 걸어야 한다. 또 마흔의 강을 건너기 위해 새 길을 내는 고통을 감수해야 하고, 지금과는 다른 세계를 열어젖히는 도전도 멈추지 말아야 한다.

마흔의 어깨는
여전히 무겁다

────────── 제주 올레길, 지리산 둘레길, 북한산 둘레길…. 근래 들어 건강에 관심이 높아지면서 유행처럼 번지고 있는 걷기를 위해 지자체가 만든 길들이다. 지역의 아름다운 곳을 지날 수 있도록 새로 길을 내거나 기존에 있던 옛길을 복원하기도 했다.

그 대부분이 주말이 되면 많은 사람이 찾는 명소가 되었다. 하나같이 풍광이 수려하면서 걷기에도 편하기 때문이다. 길들이 잘 다듬어져 있고 표식이 가리키는 대로 가기만 하면 되니 어려울 것도 없다. 실제로 아이들을 데리고 몇 번이나 다녀왔는데 행복한 걷기 여행이었고, 기억에도 오랫동안 남을 아름다운 추억이 되었다.

마흔 이전의 길도 이와 같다. 안내도에 나와 있는 대로 착실하게 걷기만 하면 나름의 성취감과 안정이 보장된다. 하지만 마흔 이후의 삶은 그렇지 않다. 언제 어떻게 변할지 몰라 살얼음판을 걷듯 늘 불안하고 두렵다. 그런 까닭에 인생을 산다기보다 하루하루 버텨낸다는 것이 더 적절한 표현처럼 느껴진다.

친구 두 명이 입사한 지 5년이 채 안 되어 세상을 떠났다. 한 친구는 간염으로 병가를 내고 치료차 집에 머무르다 동네 비디오 대여점 앞에서 관광버스에 치여 세상을 떠났고, 또 한 친구는 회사에서 진행한 밤샘 워크숍을 다녀온 후 토요일 새벽에 심근경색으로 숨을 거두었다. 공교롭게도 모두 회사 일과 연관이 있었다.

이런 몇몇을 제외하면 정해지지 않은 길을 간 친구는 별로 없다. 잘 닦여진 둘레길에서 앞사람, 옆 사람의 모습을 흉내 내며 있는 힘을 다해 걷기만 하면 되었으니까. 그러면 만사 오케이였다. 먹고 입고 자는 것에 크게 구애받지 않았고 설사 지금 다소 부족하더라도 줄이고 저축하면 남들처럼 될 수 있다는 희망을 가질 수 있었다.

가장으로서의 밥벌이 의무도 그다지 힘겹지 않았고 아내에게 듬직한 남편의 의무도 다할 수 있었으며 자상한 아빠가 되기도 쉬웠다. 이미 그려진 안내도를 보며 걷는 길이었기에 내가 제대로 가고 있는지 위치가 어디쯤인지 수시로 확인할 수 있었다. 그래서 그만큼 불안감과 두려움도 덜했다.

　간혹 일탈을 꿈꾸며 다른 길을 간 친구도 있었지만, 결국 그가 간 길은 지리산 둘레길에서 제주 올레길로 바꾼 것 이상이 아니었다. 그가 어떤 곳을 찾아 떠났든 그곳 역시 이미 잘 닦여진 길이고 정해진 길일 뿐이었다.

　입사한 지 3년이 지났을 때쯤 입사 동기 하나가 의류점을 하겠다며 과감히 사표를 냈다. 주변에서 만류하는 손을 뿌리치며 보무도 당당히 박차고 나섰다. 떠난 지 1년이 지났을 즈음, 제주도에 3호점을 낸다는 소문이 들릴 정도로 승승장구했다.

　5년이 지났을 때에야 우연히 그를 만났다. 소문대로 성공한 덕분인지 탄력 있는 몸에 허우대가 멀쩡하고 입성도 좋아 보였다. 그런데 커피숍에서 차 한잔을 놓고 그가 한 말은 예상 밖이었다.

"야, 난 월급쟁이인 네가 부럽다. 이 일이 말이야, 얼마나 바쁜지 눈코 뜰 새가 없어. 월말에는 서울 가서 물건 떼 오고 그때부터는 한시도 가게를 벗어나지 못해. 사장이 자리를 비울 수는 없잖아. 한 달의 중간쯤 되면 계산기를 두드리며 어떤 물건을 더 떼 와야 하는지 머리 싸매야 하고, 그러면 어느새 또 한 달이 지나가지. 말도 마라, 전부 돈 몇 푼 더 받자고 하는 일들인데 직장 생활보다 열 배는 바쁘다. 이쪽 매장에서 문제가 없으면 다른 매장에서 사고가 터지질 않나. 옷값도 수시로 바뀌는데다, 어떤 때는 안 팔려서 창고 가득 재고가 쌓이기도 하는데 그야말로 속이 타서 죽을 지경이야. 그러니 회사에서 아무리 나가달라 해도 꼭 붙어 있어라. 뭘 해도 월급쟁이만 한 것 없다."

누구나 예측할 수 있고 확인할 수 있는 길에는 그다지 불안이 없다. 불안이 없으니 욕망 또한 스며들 여지가 없다. 욕망과 불안은 빛과 그림자의 관계다. 욕망이 빛이라면 불안은 그림자라 할 수 있다. 무언가를 갖고자 하는 욕망이 불타오르면 그만큼 실패에 대한 두려움이 커지고 불안의 열기가 강해진다.

하지만 걷고 있는데 불안이 없다면 그곳은 더 이루고자 하는 욕망이 거세당한 곳이다. 하루하루가 타성에 젖어 있을 게 분명하다. 남이 일어나면 나도 일어나고, 남이 빨리 걸으면 그 정도로 속도 좀 높이고, 남이 쉬면 나도 따라 쉬기만 하면 되는 거다. 그러면 착실하다는 소리를 듣고 책임감이 강한 사람이라며 더 높은 자리를 내준다.

이런 생활을 10년 넘게 해온 곳에서는 꿈을 얘기하는 사람은 화성에서 온 외계인 취급을 받게 된다. 이상한 놈, 뭔가 특이한 친구가 되고 술자리에서조차 관찰의 대상이 되고 만다. 이 모든 것은 익숙하고 말끔히 정리된 길이 주는 안온함 때문에 생긴다.

가끔 휴일 저녁에 아이의 손을 잡고 놀이터를 어슬렁거릴 때면 불현듯 '내가 이렇게 살아도 되나?' 하는 의문이 들곤 한다. 이런 의문은 정말 번개 치듯 몇 초도 안 되는 짧은 순간에 반짝 떠오른다. 기분을 상하게 하는 유쾌하지 않은 느낌에 약간의 불안감이 더해진다. 그러면 나도 모르게 고개를 흔든다.

'내가 괜히 쓸데없는 생각을 하고 있네. 다음 주 월요일 회의 때 부장님이 활동 전략을 물을 텐데 답변할 거리나 준비해두자.'

장마 때 잠깐 비추던 태양이 다시 먹장구름 속으로 숨어버리듯 변화의 노크는 불청객이 되어 외면을 당한다. 그리고 그렇게 마흔 중반의 벼랑에 내몰렸다.

누구나 마흔을 지나야 한다. 하지만 어떤 상상을 해도 마흔 이후를 떠올리면 머릿속이 캄캄해지고 가슴이 철렁 내려앉는다. 내 모습이 구체적으로 떠오르지 않고 상상도 되지 않기에 마흔의 미래는 불안하다. 불안은 욕망으로부터 온다. 내 소중한 것들을 지키고 싶다는 욕망이다. 온 가족이 은은한 불빛 아래 푸짐하게 저녁을 먹을 수 있게 할 밥벌이와 사랑스러운 아이들이 나보다 더 편안히 살 수 있는 법을 가르쳐줄 기회를 지키는 것이다. 또 식후에 아내와 커피 한잔을 함께 즐길 수 있는 일상의 안락을 보장하는 것이다. 그 이상을 얘기하는 누군가가 있다면 그 사람은 사기꾼이다.

어쩌면 마흔 이후의 삶은 '밥벌이'의 의무가 전부일지도 모른다.

하지만 마흔 이후 부양의 길은 흐릿흐릿 잘 보이지 않는다. 누군가 지나간 흔적이라도 있기를 기대하지만 그림자조차 없다. 자신이 갖고 있던 안내도는 딱 마흔까지의 길밖에 그려져 있지 않다. 그 이후의 길은 밝은 곳을 벗어나 어둠 속으로 뻗어 있어 알 수가 없다.

마흔 이전의 길이 잘 닦여진 둘레길이었다면 마흔 이후의 길은 아무도 오른 흔적이 없는 산길과 같다. 어느 길이 더 안전한지 어느 곳으로 올라야 더 빠른지 밑에서는 보이지 않는다. 너무나 불안하고 두려운 나머지 대부분은 미래에 대해 아예 생각을 하지 않는다. 철저하게 외면한다. 상상이 되지 않는 것을 생각하는 것보다 더 골치 아픈 일은 없기 때문이다.

마흔의 길은 불안하고 두렵다. 이제까지는 표식이 가리키는 대로 또 앞서 간 사람들의 발자국을 따라 정해진 길을 오면 되었지만 지금부터는 발자국이 보이지 않는 미지의 길을 걸어야 한다. 더군다나 체력은 떨어지기 시작하고 짊어진 짐은 땀에 젖어 더 무거워졌다.

마흔 이전에는 하드웨어가 중시되었다면 마흔이 지나서부터는 소프트웨어가 중요해진다. 무슨 생각으로 어떻게 그리느냐에 따라 완전히 다른 그림이 되니까. 엷은 선과 작은 점 하나마저 그림의 가치에 큰 영향을 주는 나이가 마흔이다. 이것이 마흔에 들어서서 미래를 검진하는 것이 건강 검진보다 더 두려울 수밖에 없는 진짜 이유다.

"건강 검진을 하면서 대장 종양 몇 개는 제거했는데 큰 것이 좀 이상하다고 재검진하자더군요. 의사의 그 말을 듣고 나니 다리에 힘이 쫙 빠지더라고요. 검진 마치고 집에 어떻게 갔는지 모르겠습니다."

같은 사무실에서 동고동락하는 마흔의 후배가 어색한 미소 속에 그 말을 남기곤 수술하러 간다며 병원으로 갔다. 사무실을 나가는 그의 어깨 뒤로 불안이 보였다. 아직 건사해야 할 가족에 대한 부양의 책임이 흔들리고 있기 때문일 것이다.

그가 예전처럼 환한 얼굴로 다시 사무실로 들어설 수 있을까. 며칠 후면 수술 결과가 나온다. 먹은 음식이 체한 듯 가슴이 묵직하고 답답하다.

왜 사는가를
알게 되는 나이

——————— '이런! 마감 날인데 이렇게 늦게 일어나다니.'

서둘러 양치를 하고 어제 맸던 넥타이를 그대로 맨 채 택시를 탔
다. 사무실이 있는 건물 앞에 이르러 시계를 보니 다행히 8시 25
분. 조회가 시작되기까지 5분이 남았다. 이미 떠난 엘리베이터를
아쉽게 노려보다 그 옆 비상계단으로 뛰어 올라갔다. 사무실은 10
층. 급하게 오르다 보니 헉헉 숨이 차고 다리는 무겁고 와이셔츠
는 땀에 흠뻑 젖어 허리춤이 볼썽사납게 삐져나왔다.

그런데 좀 이상했다. 가슴이 조여오기 시작했다. 이런 적이 없었
는데 그날 따라 유난히 가슴이 답답했다. 난생처음 느끼는 조이는

듯한 통증, 점차 심해지더니 더는 숨을 들이쉴 수가 없었다. 계단이 흔들렸다. 갑자기 하늘이 빙 돌았다. 사무실 문 앞에 도착하자마자 의식을 잃었다. 눈을 뜨니 아내가 걱정스레 쳐다보고 있었다.

그날 이후로 후배는 몰라보게 달라졌다. 이른 새벽에 일어나 운동을 하는가 하면 그렇게 좋아하던 육류도 거의 피하다시피 했다. 애연가로 탐닉하던 담배도 끊고 동료들이 권하는 술도 마다했다. 한마디로 이전과 완전히 다른 사람이 된 것이다.

뚱뚱하던 살집은 보기 좋은 모습으로 변했고 가족과 거리가 멀었던 그가 가정으로 되돌아왔다. 틈틈이 책을 읽으며 재충전을 하고 주말에는 가족과 여행을 다니기도 했다. 그로부터 10년, 그는 한 부서의 리더가 되었고 지금도 승승장구하고 있다.

대부분 입사하고 서너 해가 지나면 결혼을 한다. 아이를 낳고 일에 몰두하다 보면 눈 깜짝할 사이에 마흔이 된다. 그러나 눈 깜짝할 그 사이에 얼마나 많은 일이 벌어지는지 모른다.

지금의 마흔은 그랬다. 어렵게 취업문을 들어서서 새내기가 되니 '마누라와 자식 빼고 다 바꾸라'는 화두가 온 사회를 뒤흔들며 변화의 열풍 속으로 몰아넣었다. 무엇이 변화인지도 모르는 채 변화에 쫓기기 시작했다. 거기에 더해 나라님은 '세계화'가 되지 않으면 입에 풀칠도 하기 어려울 것이라며, 눈을 바깥 세계에 두라고 그동안의 삶을 바꾸라고 윽박질렀다. 이른 새벽에 출근하고 늦은 저녁까지 자기계발을 하느라 여기저기 학원가를 어슬렁거리는 진풍경이 벌어졌다.

일에 익숙해지고 회사 생활이 어떤 것인지 알 만해졌을 즈음, 회사가 평생 나와 가족을 지켜줄 것이라는 철석같은 믿음을 송두리째 앗아간 IMF가 터졌다. 그나마 작은 간을 콩알만 하게 만들었다. 초등학교도 졸업시키지 못한 아이를 둔 선배와 동료들이 불안에 떨며 회사를 떠났다.

회사는 이제 안정을 담보해주지 못했다. 회사에 대한 애착에 금이 가기 시작했다. 지금의 직장이 언제 추억의 안줏거리로 변할지 모르는 시대가 도래한 것이다. 마련하기에 엄두도 내지 못한 집값 광풍은 또 어땠는가. 엎어져도 뛰고, 자고 나도 뛰는 집값에 얼마나 좌절했던가. 거기다 사교육 열풍까지 불어 얇은 월급봉투는 받자마자 너덜너덜해지기 일쑤였다.

이렇게 앞만 보고 달리던 질풍노도의 삼십대는 생각할 겨를도 없이 지났다. 속도를 더하면서 잃어버린 것은 풍경만이 아니었다. 삶이 어떻게 되어가는지, 내가 꾸어온 꿈은 도대체 무엇이었는지 가물가물해져 떠올리기조차 어렵다. 꿈이 자취를 감춘 것이다.

현실의 굴레는 벗어나려 하면 할수록 더 옥죄며 꿈을 돌아다볼

틈을 주지 않았다. 언젠가는 물을 듬뿍 줘서 아름드리나무로 키우겠다고 다짐했지만 그건 어디까지나 생각만으로 끝났다. 오래도록 꿈꿨던 미래는 시야에서 사라져 신기루가 되었다. 쓰러지지 않았을 뿐이지 이미 몸과 마음은 쓰러진 거나 진배없는 상태에서 마흔을 맞이한 것이다.

마냥 기다려줄 것만 같았던 젊음은 시간의 거센 물결에 실려 저 강 아래로 떠내려가 버렸고 초롱초롱하던 눈동자는 어느새 때가 끼어 원근(遠近)조차 헷갈린다. 말 근육처럼 탄탄하던 허벅지는 계단만 올라도 후들거리고 볼록한 배는 어찌 그리 볼품이 없는지. 빽빽하던 머리숱은 듬성듬성 맨땅을 보이기 시작하고 여기저기 솟아난 새치를 숨기느라 곤혹스럽다.

어느 날 목욕탕 거울을 보니 터질 듯 축 처진 살을 출렁이는 낯선 사람이 서 있다. 인정하고 싶지 않지만 그가 바로 자신임을 받아들이는 순간 새어나오는 한숨이 얼마나 깊었던가. 이것이 젊음이 떠나간 마흔의 모습이다.

그나마 위로가 되는 것은 넘어질 때마다 땅을 짚고 일어서면서 조금씩 손에 움켜쥔 경험이었다. 그것들은 현실을 헤쳐나가는 데 더러 도움이 되었다. 하지만 그뿐이다. 오직 그것이 전부였다. 그러는 사이에 칠흑의 어둠이 서린 마흔의 질곡에 이른 것이다.

마흔은 삶에서 몇 안 되는 터닝 포인트 중 하나다. "과도기의 마흔에는 대략 80퍼센트 정도가 심리적으로 변화를 겪게 된다"고 말한 심리학자 레빈슨의 말처럼 마흔이 되어보면 안다. 하루에도 수십 번 망설이고 주저한다는 것을.

지금까진 제대로 보지 못했지만 자신이 보고 싶은 대로 보겠다는 욕구가 변화를 받아들이게 한다. 신체적으로는 하강하고 정신적으로는 상승하다 만나는 교차점인 마흔에서 변화의 불꽃이 튀는 것이다. 변화는 혼란에서도 오지만, 거부할 수 없는 상황이 만드는 경우가 더 많다. 이를테면 살아오면서 한 번도 자신에게 던져보지 않은 질문들에 둘러싸이면서다.

'왜 사는가?'

'내가 진심으로 원하는 것은 무엇인가?'

'지금까지 나는 무엇을 일구었는가?'

'이렇게 살아도 되는 것인가?'

'인생 2막은 어떻게 준비해야 하는가?'

이러한 물음이 물밀듯 밀려오면서 거기서 얻은 각성이 거대한 변화의 파도를 일으킨다. 마흔에 맞은 변화는 마흔 이후의 삶에 큰 영향을 미치고 마음속에 오래도록 머문다. 자기만의 철학이 스며 있고 그것이 남다른 삶을 살 수 있게 한다.

대부분 사람이 마흔의 삶을 오래된 방식으로 시작한다. 그리고 바로 그 때문에 좌초한다. 삶이란 때때로 의도대로 순항하는 것 같다가도 느닷없는 폭풍 속에 내던져지기도 하는 법이다.

마흔에 이르기까지 몇 번 넘어졌다 일어서면서 움켜쥔 경험들만으로는 이후 삶을 제대로 꽃피우는 철학을 갖출 수 없다. 마흔 이후의 삶을 성공적인 작품으로 만들기 위해서는 세상에 대한 각성과 그에 따른 창조적 자기 철학이 반드시 필요하다.

"내가 그때 쓰러지지 않았다면 지금쯤 어떻게 되었을까…. 가끔 그런 생각을 해보는데 정말 아찔해요. 아마 브레이크가 고장 난 열차처럼 앞만 보고 달렸겠죠. 그러다가 대개 그러듯이 마흔 넘어 그런 일이 터졌을 테고, 그러면 회복하기가 얼마나 힘들겠어요. 쓰러진 그때는 엄청나게 심각했지만 얼마나 고마운지 몰라요. 그 일이 지금의 내가 있도록 했으니까요."

후배는 가끔 만나 소주잔을 기울이면 늘 같은 레퍼토리로 열을 올린다.

불안이 좀체 걷히지 않는 어둠의 마흔이 내 앞에 있다. 몰라서 못 한 것보다 안 해서 못 한 것이 더 많아진 마흔. 살아온 세월보다 어쩌면 살아갈 시간이 더 많을 수 있다고 농담처럼 내뱉지만, 그 가능성을 직감하는 마흔에 이르니 후배의 레퍼토리가 새삼 새롭게 들린다.

지금은 어렵고 고통스럽더라도 견뎌내면 나중에는 약이 된다는 거 아닌가. 어쩌면 "왜 사는지 아는 사람은 어떤 고난도 이겨낼 수 있다"는 니체의 말을 후배는 알고 있었는지도 모르겠다. 마흔은 진정 철학이 필요한 나이다.

나만의 버킷리스트가
필요해

──────── 그가 사라졌다. 결국 가던 길을 돌아오지 못
하고 마흔의 질곡에서 그대로 칠흑의 어둠이 되어버렸다. 마흔셋,
초등학교 3학년과 5학년인 철모르는 두 아들, 마흔도 되지 않은
젊은 아내. 그가 마지막까지 버티며 딛고 선 절벽에서 결코 손에
서 놓지 않은 이들이었다. 그는 잊힌 것이 아니라 광활한 우주 속
으로 사라졌다.

　그는 보통의 친구들보다 좀 늦은 나이에 결혼했다. 결혼과 동시
에 이곳저곳으로 임지를 옮기며 다시 학창 시절의 자취생이 되어
떠돌았다. 한 번도 가족과 함께 살지 못했다. 맞벌이 아내가 따라

갈 수 없었던 것은 하루라도 빨리 기반을 닦아야 한다는 초조감 때문이었다. 그러는 사이 두 아이의 아버지가 되었다.

어느 날 갑자기 바늘로 찌르는 듯한 극심한 흉통이 찾아들었다. 폐암이었다. 암은 이미 폐 깊숙한 곳에 은거하고 있었다. 오래 버티지 못한다는 의사의 말이 있었음에도 간절한 투병 생활이 시작되었다. 투병이 막바지에 이르렀을 때 그는 모든 것을 받아들이기로 했다.

가장 먼저 눈에 들어온 것은 두 아이였다. 제대로 아버지가 되어주지 못한 두 아들에게 미안했다. 떨어져 생활하느라 애초부터 육아는 아내 몫이었고 학부모 역할도 아내가 떠맡아야 했다. 주말에 내려와서 아이들과 함께 지내기는 했지만 그의 눈에 비치는 아이들은 늘 못마땅했다. 그러자 아이는 아이대로 그를 피했고 그 또한 밥벌이에 지쳐 그냥 외면하고 지나쳤다.

병실에 누워 두 아들을 불렀다. 아이들이 긴장한 채 들어왔다. 얼굴에는 걱정이 담겨 있었다. 코에 호스를 끼운 얼굴로 그는 그동안의 잘못을 진심으로 사과하며 두 아이를 꼭 껴안았다. 두 눈에서 뜨거운 눈물이 흘렀다. 눈물 사이로 어른어른 아내의 모습이 보였다. 아이들 키우랴 맞벌이하랴 그 곱던 얼굴에 잔주름이 늘었다. 자기도 힘들면서 남편을 늘 위로해주던 아내, 남들 철마다 다니는 여행 한 번 데려가 주지 않아도 말 한 번 없던 그녀였다. 깡마른 그의 손이 아내의 작은 손을 잡았다. 고맙다는 말을 전했다. 아내는 잘 알고 있다는 듯 덤덤히 미소를 띠었다.

그렇게 선배 언니의 남편이 눈을 감았다며 아내는 이불을 들치고 누우면서 안타까워했다. 불쌍한 언니가 어떻게 살아갈 건지 걱정된다며, 또 아버지 없이 커야 하는 두 아이는 어떻게 하느냐며 늦도록 잠을 이루지 못했다. 그 얘기를 듣고서 잠이 오지 않는 건 나도 마찬가지였다. 가장이 떠난 이후 남게 된 그들의 생활이 걱정되었다기보다 그의 생각이 어떠했을까 하는 궁금증 때문이었다.

'그가 진정 살고자 했던 삶이 무엇이었을까?'

'무엇 때문에 그리 참고 살았을까?'

'가족과 세상에 남기고자 한 것은 어떤 것이었을까?'

마흔 무렵이 되면 이루지 못한 것들에 대한 아쉬움이 늘어나고, 미련을 갖게 하는 것들도 점차 많아진다. 미련을 갖는다는 건 자신도 모르게 삶에 대한 기준을 마음에 담고 산다는 말이다. 그 기준에 맞춰 살려 했지만 못 한 게 많다는 거다. 세상 일이 어디 그리 호락호락하겠느냐며 스스로를 다독여보지만 결국 위안받지 못한 마음이 남긴 것들이다.

몸은 예전 같지 않아 쉬이 지치고 의욕조차 점차 사그라져 소홀해지기 쉬운 상태가 되면서 아쉬움과 미련은 더욱 커져만 간다. 그래서 타성에 젖은 일상에 수시로 불쑥불쑥 솟아오르는 것은 '더 늦기 전에 해야 한다'는 마음이다.

사실 생체적인 면에서 보면 마흔은 노년을 향해 가는 분기점이다. 젊음이 멀어진다는 거다. 앞이 보이지 않는 불안에다 짊어지고 가야 할 세간은 자꾸 늘어나는데 두 다리에선 힘이 빠져나간다. 헉 소리가 절로 나온다. 물론 그동안 넘어지고 일어서면서 이력이 붙어 어느 정도 익숙해지기는 했지만, 힘들기는 매한가지다.

흔한 말로 '불혹'이라 하지만 실제로 닥쳐보면 안다. 그게 얼마나 반어적인 표현인가를. 마흔의 마음은 늘 안절부절, 작은 바람에도 흔들린다. 그러나 불혹의 마흔은 결코 흔들려서는 안 된다. 휘둘리며 살기에는 버텨야 할 날들이 너무 많이 남았기 때문이다. 버티기보다는 더 잘 살아야 하는 의무라고 봐야 한다. 그럼에도 자꾸만 뒤돌아보게 되는 것은 보내버린 젊음에 대한 안타까움 때문일 것이다.

늦기 전에 해야 할 것들, 건강할 때 하지 않으면 후회될 일들, 죽은 듯 숨만 쉬던 심장을 다시 요동치게 하는 뭔가를 찾아야 할 시기로 마흔보다 적격인 때는 없다. 아이들 학원비에 주택담보대출 이자에 허리가 휘고 먹고살기도 버거운 마당에 무슨 자다 봉창 두드리는 소리냐고 할지도 모르겠다. 그러나 가끔은 이러한 것들이 꿈으로 변신해 다가온다. 마흔에 이르러 긴 장마에 태양이 비치듯 갑자기 주위가 환해진다면, 잠시지만 그건 가슴속 어딘가에 잠들어 있던 꿈을 스스로 건드렸다는 뜻이다. 꿈은 삶에 희망을 주고 에너지를 준다. 나뿐만 아니라 주변의 어둠마저 환하게 비춰준다. 행복이 파도처럼 물결치며 가슴으로 밀려온다.

"아~ 요즘 참 살맛 나네. 그래, 이렇게 살아야지. 왜 그동안 얼굴 찌푸리며 살았을까? 사는 거 별것 있나. 행복이 별건가?"

아무리 봐도 보잘것없어 보이는데 그 일을 갖고도 행복해하는 이들이 있는 반면, 누가 봐도 부럽기만 한 일을 갖고도 만족스러워하지 않는 사람이 있다. 그런 면에서 보면 행복은 분명 선택이다.

오래전에 적어둔 '버킷리스트'를 읽다 보면 가슴이 쿵쿵 뛴다. 퇴직 전에 책 다섯 권 쓰기, 숲 해설가 되기, 요리 배우기, 오지마을 여행하기, 낙동강 걷기 등 대부분 바쁜 일상에 밀려 접어두었던 것들이다. 하지만 언젠가는 휘파람을 불며 하나하나 실천하고 있을 나를 상상하는 것만으로도 온몸이 달아오른다.

몇 해 전 아이들을 데리고 낙동강을 걸었다. 직장에 매이다 보니 어느덧 훌쩍 커버린 아이와 대화가 잘 안 되어 늘 찜찜했었다. 엄하게 키우는 것이 아버지의 역할이라 생각해서 칭찬보다는 꾸지

람이 많아선지 아이는 나를 어려워하는 것 같았다. 그냥 있을 수 없었다. 물론 더 크기 전에 아이에게 평생의 추억이 될 만한 것을 만들어줘야겠다는 마음도 한몫했다. 여러 가지를 두고 고민하다가 '낙동강 걷기'를 선택했다.

부산에서 예천 회룡포까지 칠백 리를 주말을 이용해 1년에 걸쳐 걸었다. 사실 어마어마한 시도였다. 낙동강의 사계는 황홀했다. 그러나 아이와의 관계는 생각보다 가까워지질 않았다. 하루 여섯 시간 이상을 걸었는데 한계 상황에 이르면 아이는 푸념이 심했다. 당연한 것이었는데도 난 아이의 투정을 받아주지 못했다. 그러한 것을 넘어보자고 시작한 것이었는데, 결국 원점이 되었다. 어떤 것에 도전했지만 결과가 원점이라면 그건 큰 손해를 뜻한다. 시간과 비용뿐만 아니라 여타 노력한 것들이 모두 허사가 되었으니까.

그러나 낙동강 걷기는 그것과는 달랐다. 가끔 TV에서 낙동강이 나오면 아이는 아빠와 함께 간 길이 아니냐는 듯 나를 곁눈질해가며 화면에서 눈을 떼지 못한다. 그러고는 뿌듯한 표정이다. 그러면 된 거다. 함께 나눌 수 있는 추억이 있다는 것이 바로 틈이 없는 사이가 된 것 아닌가. 일상의 행복은 투입과 산출의 뻔한 공식으로는 결코 다다를 수 없는 곳에 있는 것이다.

삼우제를 지낸 다음 날 아내는 선배 언니와 통화했다고 한다. 생각보다 목소리가 밝아서 다소 마음이 놓였단다. 죽기 전날 그가 그동안 소원했던 아이들, 지인들과의 관계를 다 풀고 간 게 무엇보다 위안이 된다는 거였다. 어떻게 살 거냐는 물음에 '이제껏 살았는데 앞으로도 어떻게든 살아지지 않겠느냐'더라며 선배 언니의 담대함에 새삼 놀라는 눈치였다.

그는 광활한 우주 속으로 흔적 없이 사라졌다. 누구나 언젠가는 죽는다. 삶은 그런 것이다. 그런데도 우리는 안 죽을 것처럼 아등바등한다. 나중에 하고 싶은 일을 하기 위해 하기 싫은 일을 하며 산다. 그러나 '나중'은, '다음'은 없다. 언제 올지 모르는 미래에 의탁하는 건 어리석은 행동이다. 오늘이 중요하고 지금 이 순간이 의미가 있을 뿐이다.

어제 죽은 이들이 오늘을 그토록 바란 것은 단지 숨이 붙어 있고 싶어서만은 아닐 것이다. 그것이 무엇일까? 대체 그것을 어떻게 찾아야 할까? 마흔 무렵에 시작하지 않으면 늦을 물음들이다.

우주 속으로 사라지면서 그가 절실하게 부르고 싶었던 삶의 운율은 어떤 것이었을까? 그토록 고생한 이 세상에서 그는 무엇을 남기고 싶어했을까? 그의 버킷리스트에는 뭐가 적혀 있었을까?

흔들리지 않는
불혹이기 위하여

──────── 뒤로는 깊은 낭떠러지밖에 없다는 절박함으로 버텨왔다. 실적이 떨어지는 날에는 불안한 밤을 보냈고, 넓은 평수로 이사한 친구네 집에 다녀왔을 땐 '나는 그동안 뭐하며 살았나?' 하는 심란한 마음이 무시로 솟구쳤다. 친구의 장례식에 가서는 그렇게 떠난 데 대한 안타까움과 함께 '죽으면 끝인데 왜 이렇게 아등바등 살아야 하나?' 하는 허무함이 쓰나미처럼 밀려오기도 했다. 그래도 아침이면 여느 때와 다름없이 출근해 그달에 채워야 할 숫자와 싸웠고, 사람들과 승강이를 벌이며 여기까지 왔다.

'평생 직장'이라는 개념이 있던 과거에는 취직을 하면 평탄한 인생이 보장되었다. 더군다나 대기업에라도 입사하는 날에는 동네 잔치를 열곤 했다 한다. 그렇지만 이제 그런 장밋빛 기대는 물 건너간 지 오래다. 월급쟁이가 된다 해도 행복은 잠깐이고, 목에 두른 넥타이가 언젠간 숨통을 조여오리라는 걸 누구보다 잘 안다.

한 지인은 술에 취해 들어오면 아이들부터 찾는다고 한다. 곤히 잠든 아이들의 얼굴을 비비며 다짐을 한단다.

"너희는 아빠처럼 살지 마라. 회사의 머슴살이를 하며 평생을 보내선 안 된다. 아빠가 아무리 힘들어도 너희만큼은 뒷바라지를 해서 제대로 살게끔 해줄 거니까 열심히 공부해다오."

그 말을 들었을 때 나도 모르게 코끝이 시큰해지고 가슴이 아렸다. 딱 내 이야기였기 때문이다. 사실 나 역시도 아이들만큼은 나 같은 월급쟁이가 되어선 안 된다는 생각에 남보다 학원 한 군데는 더 보내려고 애쓴다. 하지만 자식 농사가 가장 중요하다는 것을 알면서도 그게 쉽지가 않다. 주택담보대출 이자와 할부이자로 다달이 빠져나가는 통장을 제때 채워야 하기 때문이다.

간혹 남들은 대기업에 다니는 나의 겉모습을 보고서 부러운 시선을 보내기도 하지만 실상 속을 들여다보면 그들과 조금도 다르지 않다. 나 역시 이 땅의 마흔들처럼 헤어 나올 수 없는 좌절감과 절망감 사이에서 절박함으로 견뎠다.

때론 설 자리가 점점 더 좁아진다는 불안감 때문에 어디에라도 뛰어내리고 싶은 유혹에 시달렸고, 어떤 때는 '내일은 나아지겠지' 하며 막연한 기대로 버텼다. '나 혼자만 이렇게 사는 건 아니지 않느냐'는 위로 아닌 위로로 힘을 보태기도 했다.

마흔을 사는 이 시대의 가장은 대부분 자신의 존재 가치를 주로 일에서 찾는다. 일이 주는 성취는 다른 어떤 것보다 자신의 존재를 부각시킨다. 삶의 근원적인 가치 따위를 고려하지 않아 다소 부석거리고 숭숭 구멍이 뚫린 일상이긴 하지만 그 빈 곳을 채우고도 남을 만큼 황홀하다.

조직 생활에서 일로 인정받는 것은 자신의 존엄을 인정받는 것과 같다. 이렇게 부여된 일의 가치는 점점 더 일의 회오리 속으로 빨려들게 한다. 이 시대의 마흔에게는 일이 곧 삶인 것이다. 일로 이룬 성취가 곧 삶의 가치를 결정해버리는 세상에서는 너무나 당연한 것이다. 그래서 가장으로서 의당 해야 할 의무로서 일이 전부가 되는 게 그리 이상하게 보이지 않는다.

어떤 이들은 존재의 가치를 술에서 찾기도 한다. 술은 고단한 현실을 잊게 하고 강한 소속감을 갖도록 해주기 때문이다. 술을 마시는 동안에는 너도 나도 별것 없이 한 식구라는 결연함이 솟구치고, 거기에는 나와 다른 차별적 인간은 존재하지 않는다.

'회사인간'에게는 소속감만큼 중요한 것도 드물다. 무리 속에 있으면 외로움과 고독 따위의 웬만한 고통에도 흔들리지 않는다. 그만큼 소속감은 안정감을 준다. 그래서 술을 잘 마시는 것이 직장 생활을 잘하는 능력으로 둔갑하기도 한다.

마흔에 이른 이들은 대체로 내내 파묻혀 있던 일구덩이에서 벗어나면 술에 취하고, 술이 깨면 또 일에 묻혀 지나왔다. 무리를 벗어나면 죽는다고 생각하며 살았다. 가끔 여행이라는 낯선 세상도 다녀오긴 하지만 그건 어디까지나 더 많은 일을 하려는 방편에 지나지 않았다. 그러니 여행이 즐거울 리 없고 별 의미도 없었다. 타성이 자라고 안일함이 퍼지는 건 한순간이었다. 고만고만한 회사인간들이 고만고만한 경쟁을 하며 고만고만한 삶을 최고의 삶으로 착각하며 살게 된 것이다.

'이렇게 삶을 보낼 순 없어. 이러다간 직장 생활의 낭떠러지 끝에 서게 될 거야.'

어느 날 책을 집어들었다. 타성과 안일에 지친 나를 발견하고서였다. 하지만 아무리 주위를 둘러보아도 내가 빠진 늪의 탈출구가 보이지 않았다. 늪은 생각보다 깊었다. 나태함과 안일은 이미 뼛속까지 침투해 있었다.

우선 꿈을 이룬 성공한 사람들의 얘기를 찾아 나섰다. 거기에는 향긋한 냄새가 코를 자극했지만 먹을 수가 없었다. 그림 속의 만찬이었다. 나와 환경과 상황이 다른 얘기들은 식탐만 돋운 채 저 멀리 있었다. 인문의 숲에도 가보았다. 어릴 적부터 읽지 않은 것이 후회되었다. 잠자고 있던 열등감이 성을 내며 달려들었다. 역시 그곳은 내가 머물기에는 머리가 복잡했다. 시문학을 노크해보았다. 볼 만했다. 아름다움과 아픔이 적절히 섞여 있었고 곳곳에 먹음직한 열매가 달려 있었다. 꽤 오랫동안 머물렀다. 적어도 나이가 들었다는 것을 자각하기 전까지는. 그러고는 그곳을 떠났다.

　종교의 경전 사이로 난 길을 찾아들었다. 길이 넓고 잘 정돈되어 있어서 마음은 편안했다. 그러나 길을 벗어나 현실에 서면 언제 그랬냐는 듯 마음이 옛날처럼 다시 혼란스러워졌다. 아름다운 그림 한 폭을 보며 위안받는 것에 지나지 않았다. 철학이 낸 철길도 거닐어보았다. 난해했고 시간도 많이 뺏겼다. 그나마 노자(老子)와 장자(莊子)가 삶을 바라보는 시선을 바꾸는 데 큰 힘이 되었다.

　빠진 늪이 가슴 위로 차올라 더는 참을 수 없을 정도가 되었을 때 마지막으로 집어든 것이 '자기계발'이었다. 자기계발은 생각 이상으로 단단했고 내가 짚기에도 알맞은 길이의 막대와 같았다. 자기계발이라는 막대를 짚으며 있는 힘을 다 썼다. 아니면 늪 속으로 가라앉을 판이었다. 용을 쓴 지 다섯 해가 지나자 상반신이 늪 위로 나왔다. 또 다섯 해가 더 지나니 이젠 발목만 늪에 있을 뿐 온몸이 자유로워졌다. 이제 조금만 더 막대기에 기대 힘을 쓰면 안일과 타성의 삶에서 완전히 벗어날 것이다.

마흔에 이르면 본격적으로 삶에 대해 눈 뜨기 시작한다. 그러면서 이런 자문을 던지게 된다.

'내 인생은 어디로 흘러가고 있는가?'

'5년 후 나는 어떤 모습일까?'

'10년 후 나는 어디에 서 있을까?'

그동안 정신없이 걸어오는 사이에 삶에는 탄탄한 근육과 더불어 힘이 생겼고 생각에도 군살이 빠지면서 세상을 바라보는 시각이 예리해졌다. 누적된 시간에서 비롯되는 깨달음이다. 이러한 각성은 스스로 겪으며 체험한 것이기에 오래도록 휘발되지 않고 마음속 깊이 쌓인다. 이 각성을 바탕으로 줄곧 새로운 삶을 살아간다면 마흔 이후 분명 더 나은 삶으로 바뀔 수 있다. 깨달음은 또 다른 깨달음을 부르고 하루하루 행동 하나하나에 의미를 부여하게 되면서 삶을 풍요롭게 하기 때문이다.

하지만 확실히 해두어야 할 것은 마흔 즈음의 깨달음은 경제적 문제를 해결해줄 수 있어야 한다는 점이다. 밥벌이와 연결되지 않는 공부는 마흔 이후를 초라하게 할 수 있다. 미래를 위한 확실한 해결책이 되어야 앞으로의 불확실한 시기를 제대로 지날 수 있다.

노년의 힘은 경제력에서 나온다는 말이 있는데 그것은 노년에만 국한되지 않는다.

대체로 우리는 타인의 인정을 받는 데서 존재감을 찾는다. 타인의 표정과 잣대에 의존하며 나의 잘잘못을 가린다. 마흔에 이르러 일에 탐닉하고 술에 취하는 것은 이 때문이다. 끝없는 좌절과 분노, 불안과 두려움도 타인의 눈에서 비롯된 것이다. 이러한 부정적인 감정이 영혼을 갉아먹으며 상하게 한다. 상처 입은 영혼으로는 마흔 이후의 삶을 제대로 이끌 수 없다.

해결책은 간단하다. 다른 사람에게 비추어 자신의 모습을 알려고 하지 않으면 된다. 그것이 제대로 사는 방법이다. 다른 사람에서 비친 자신이란 결국 왜곡된 모습에 불과하다. 항상 자신에게 비추어 스스로를 발견하려 하는 사람은 행복 곁에 머무를 것이다. 먼저 '내가 간절히 원하는 것', '사랑에 빠지게 하는 것'을 찾아야 한다. 그리고 원하고 좋아하며 사랑하는 것을 실제로 해보는 것이다.

오늘도 주말을 반납한 채 북카페에 앉아 이렇게 글을 쓰고 있다. 아니, 있는 그대로 말하면 반납이 아니다. 글을 쓰지 않는다면 TV 리모컨을 들고 소파에 누워 지냈을 것이다. 하릴없이 채널을 돌리다 잠이 오면 자고, 깨서는 멍하게 화면에 눈을 고정한 채 주말을 온통 흘려 보냈을 것이다.

글을 쓰느라 온전히 깬 정신으로 몰입하는 것은 더 나은 주말을 보내고 있음을 의미한다. 써서 무엇이 되겠다, 무엇을 하겠다 등은 나중의 일이다. 그냥 쓰는 거다. 원하는 일이기 때문이다. 이젠 술집보다 북카페가 더 편하다.

마흔에 꾸는 꿈이
인생을 완성한다

———————— 마흔까지 달려오느라 잃어버린 것은 '느린 삶'과 다시 볼 수 없는 '풍경'만이 아니다. 먹고사는 밥벌이의 책임은 나를 버티게 한 꿈마저 밟고 지나갔다. 그렇게 이지러진 꿈은 곤궁한 생활에 치여 기어이 싹을 틔우지 못했다. 마흔에 이른 신산한 삶은 한 편의 마당극보다 단출하기 짝이 없고 조금의 여운조차 없었다.

꿈이 비워진 빈자리로 불안과 타성과 안일이 이삿짐을 풀었다. 이제 그들이 삶의 주인이 되었다. 현실의 달콤함을 이겨내지 못한 꿈은 볼 수도 없고 잡을 수도 없는 곳으로 떠났다. 거처 없이 방랑

하는 떠돌이 신세가 된 지 오래다.

"연말이면 또 명퇴 신청을 받는다는데 어찌 될지도 모르겠고, 뭘 어떻게 해야 할지도 모르겠다. 회사 사정을 아내도 눈치를 조금 챈 것 같은데 그렇다고 드러내놓고 얘기할 수도 없고… 정말 괴로워 미치겠다."

술이나 마시자며 잔을 들이키는 동기의 툭 불거진 목젖이 그날 따라 유난히 위아래로 꿈틀거렸다. 그런 그에게 삶이 원래 그런 거 아니냐며, 그래도 그동안 잘 버텨왔지 않느냐며, 이번에도 별일 있겠느냐며 위로해본들 무슨 소용이 있을까.

말없이 넋두리만 듣다가 돌아온 날 먼지를 뒤집어쓴 채 꽂혀 있는 두툼한 사진첩을 펼쳤다. 아내와 만났을 때 찍은 사진들, 어깨를 겯고 활짝 웃으며 찍은 친구와 입사 동기의 사진들이 이곳저곳 뒤섞여 있었다.

'그래, 풋풋한 이십대 시절은 늘 그렇게 밝고 당당했지. 두려울 게 없었고 뭐든 할 수 있을 것 같았지.'

그런데 그때의 나는 어디로 갔을까? 지금 초라한 마흔이 되어 흔들리며 서 있는 이 사람은 누구인가? 나를 당당하고 밝게 했던 그때의 꿈은 도대체 어디에 있는가?

밥벌이의 삶보다 '살아야 할 이유'가 더 중요하다며 현실의 우선 순위를 과감히 바꿨다. 재활이 필요한 노숙자를 중심으로 빈민들과 마약 중독자, 죄수들에게 빵과 물 대신 먼저 철학과 시와 역사책이 주어졌다. 의식주와 일자리로 도움을 주려던 기존 방법을 뒤집은 것이다. 바로 '소외받는 이들을 위한 인문학 교육'이라는 새로운 재활 개념, '클레멘트 코스'의 도입이었다. 결과는 대성공이었다. 미국의 작가 얼 쇼리스가 만든 이 코스는 전 세계 4개 대륙 60개 이상의 지역에서 진행되고 있다.

우리나라에서도 운영하고 있다. 노숙자를 대상으로 한 서울시의 '희망의 인문학' 과정은 수료율이 높기로 소문이 자자하다. 수료한 이들에게 일어난 가장 큰 변화는 마음의 변화라고 한다. 지난날을 반성하고 달라져야 한다는 마음이다. 이들 중에는 예전의 직장으로 돌아가거나 새로운 도전을 위해 공부를 시작하는 이들이 있는가 하면 곧바로 행상이나 청소 같은 일을 하는 이들도 있다.

중요한 건 심리적인 변화를 한 번 겪은 사람들은 물질적 풍족함에 미련을 덜 갖는다는 사실이다. 지금의 삶이 부족하긴 하지만 더는 마음까지 가난하지 않다는 걸 자각하기 때문이다.

클레멘트 코스의 성공이 뜻하는 바는 당장 먹고사는 문제보다 인간에게 더 중요한 것이 자기 존재의 의미를 발견하는 것이라는 점이다. 자신을 성찰함으로써 자존감을 회복하는 일은 타인과의 소통에서 중요한 작용을 하며 인문학이 그것을 할 수 있다는 것이다.

마흔에 들어서니 더는 이렇게 살아서는 안 된다는 생각이 불쑥불쑥 찾아들었다. 하지만 지금 속해 있는 조직에서 밀려 나오지 않는 이상 '이렇게 살아서는 안 된다는 생각'을 오래 떠올리는 이는 드물다. 꿈은 생활의 고단함에 끌려다니기 일쑤고, 또 현실의 익숙함과 바꿔먹기에도 만만한 탓이다.

나이가 들수록 돈은 더 필요해지는데 뛰고 뛰어도 형편은 좀체 나아지지 않는다. 앞을 생각하면 아찔하고 막막해도 다른 곳으로 시선을 돌려볼 엄두가 나지 않는다. 그나마 나만 그렇지는 않아 보여 몰래 안도의 한숨을 내쉰다. 가까운 곳에 살고 있는 친구도 그렇고 지난번에 승진한 선배도 비슷하다. 관계가 살가운 후배의 형편도 크게 차이가 없어 보인다. 그래서 아직은 살만하다고 느낀다. 어느 정도의 돈과 직급과 사회적 지위가 주는 안온함과 달콤함 때문일 것이다.

브레이크가 고장 난 것처럼 앞만 보며 달려오는 동안 어느덧 마흔이 되었다. 내가 서 있는 지점은 삶의 분기점이다. 마흔 이후 10년은 인생 2막에서 가장 중요한 시기라 할 수 있다. 마흔과 쉰이라는 낱말이 주는 어감의 차이는 얼마나 엄청난가.

한 친구는 "쉰 살이 되는 것은 쉰내 나는 인생에 접어드는 것 같아"라며 지금의 마흔에 멈추었으면 딱 좋겠다고 털어놨다. 적어도 마흔이란 영사막에는 도전과 꿈이라는 필름이 돌아가도 작품이 될 것 같지만, 쉰이란 나이에서는 왠지 허망하고 어색하다는 느낌이 든다. 이것이 마흔 무렵에 꿈을 꾸지 않으면 안 되는 진정한 이유 중 하나다.

나는 오늘도 아침에 세면대 거울 앞에 서서 속으로 자신에게 말한다.

"지금껏 그래왔던 것과 다르게 물구나무서서 세상을 보듯 확 달라져야 한다. 나와 별반 다르지 않은 타인의 삶으로 자신을 위안하지 말고 내 가슴을 뛰게 하는 꿈을 찾아야 한다."

먹고사는 데 애쓰느라 불안하고 흔들리는 마흔이지만, 까맣게 잊고 지냈던 꿈을 다시 꿀 때 지금 서 있는 이곳에서 진짜 인생이 시작된다. 젊은 날에는 격렬해서 도리어 부서지기 쉬운 어설픈 꿈을 꾸었다면 마흔의 꿈은 이상적이면서 구체적인 것이어야 한다. 내일이면 가까이서 보고 만질 수 있는 생생한 꿈이어야 한다. 마흔은 결코 솜털처럼 가볍게 여길 수 있는 나이가 아니기 때문이다.

모든 것을 가질 수는 없다. 삶은 선택이고 버림의 미학이 춤추는 무대다. 마찬가지로 꿈도 선택이다. 사람의 모습이 제각각이듯 꿈도 헤아릴 수 없을 만큼 많다. 어린 날의 꿈은 대체로 비슷한 모습이지만, 어느 정도 세월의 풍상을 겪은 이들의 꿈은 실로 다양하면서 날이 서 있다.

친구의 꿈은 돈을 벌어 노후에 크루즈를 타고 대양을 누비며 저물녘 검붉은 노을이 장관을 펼칠 때, 해먹에 누워 칵테일을 즐기는 느긋한 삶을 사는 것이다. 선배의 꿈은 개울이 흐르는 깊은 산속에다 오두막 한 채를 짓고 온갖 근심과 걱정을 버리고 법정 스님의 무소유를 닮은 삶을 사는 것이라고 했다. 후배는 세계 곳곳의 오지를 찾아다니며 원시의 삶 속에서 봉사하며 사는 것이 꿈이다.

마흔 무렵에 꾸는 꿈은 그렇게 쉬워 보이질 않는다. 그러나 마흔에 이르기까지 삶의 고단함을 보고 듣고 겪었기에 진실한 마음을 담아 선택한 꿈이라면 생각이 달라진다. 몸이 원하고 가슴이 바라는 것이어서 더 애틋하고, 그러하기에 이루어질 가능성이 더 커진다.

아무리 늦어도 늦지 않는 것이 꿈꾸는 일이다. 누구에게는 꿈이 지치지 않고 살아가는 이유일 것이다. 또 누군가에게는 마주친 현실의 어려움을 이겨내는 지렛대가 될 것이다. 다른 누군가는 행복한 삶을 사는 밑천이라 여길 수도 있을 터다.

꿈의 용도를 말하고자 함이 아니다. 클레멘트 코스의 성공에서 보았듯이 먹고사는 현실적 문제보다 더 중요한 것이 사람들에게는 자기 존재의 의미를 발견하는 것이라는 점이다. 자기 존재의 의미를 찾는 일은 우선 꿈을 꾸는 데서부터 시작한다. 어떤 것이든 또 어떤 용도든 꿈을 꾸어야 한다.

 술집을 나서며 동기는 취해 비틀거리면서도 풀린 눈동자로 한마디를 더 쏟아냈다.

"그래도 다시 시작해야겠지? 자식새끼들이 보고 있는데. 아버지란 사람이 이대로 무너질 순 없잖아. 어떻게든 공부는 시켜줘야겠지? 이놈의 가장 노릇, 정말 지긋지긋하다."

2장

마흔의 마음속엔
외로운 아이가 산다

누구에게도 털어놓을 수 없는
진짜 속마음

벌써 몇 순배가 돌았는지 취기가 올라 불콰해진 일행은 막걸리 주전자를 가운데 놓고 회사 얘기에 열을 올리고 있다. 한 친구는 나이가 한참 어린 새파란 임원이 새로 왔다며 '나도 이제 떠나야 할 때가 된 것 같다'고 했다. 금융회사에 다니는 친구는 '구조조정이 시작되는데 이번에는 대상도 많고 강하게 밀어붙인다는 소문에 걱정이 이만저만 아니다'고 했다. 공기업에 다니는, 그나마 전도가 유망한 친구는 '나이 많은 부하사원이 말을 안 들어 미치겠다'고 말했다.

귀밑머리는 희끗희끗하고 이마 위가 훤한, 어느새 눈주름마저 선명해진 마흔 중반의 중년들은 대개 고만고만한 고민을 안고 있다. 그러나 남들에게는 고만고만한 문제일지 모르지만 당사자에게는 무엇보다 중요하고 민감한 문제일 것이다.

회사 얘기에서 정치 얘기로 옮아가 대통령 선거 후보들을 안줏감 삼아 설전을 벌이더니 '앞으로 어떻게 살 거냐'는 얘기에 이르러서야 다들 조용해졌다. 매캐한 연기 속에서 연탄불 위의 고기는 지글지글 익고 있는데, 그에 아랑곳하지 않고 일행은 말없이 그저 술잔만 기울였다.

서로의 침묵이 아무에게도 털어놓지 못할 진짜 속마음이란 걸 안다는 듯, 그건 누구도 위로해줄 수 없는 자신만의 문제라는 걸 공감했다는 듯 침묵은 길게 이어졌다. 오랜만의 만남이었음에도 분위기는 싸하게 가라앉고 말았다.

남은 술잔을 마저 비우고 일어섰다. 술값은 내가 내겠다며 매번 부리던 호기도 이제 별로 힘 있어 보이지 않았다. 각자 택시를 타느라 구부린 어깨 위에 마흔의 우울함만 얹혀 있다.

백미러 뒤로 밀려나는 가로등 불빛에 망연히 시선을 둔 채 여러 생각에 잠긴다. 물밑에 가라앉아 있다가 작대기로 휘저으면 솟아오르는 뿌연 찌꺼기들처럼 마음속 깊이 잠들어 있던 생각들이 두서없이 솟구친다. 대개 두려움과 외로움이 범벅된 고통스러운 것들이다.

'그토록 힘들어하면서도 마흔의 우리가 아무에게도 털어놓지 못하는 속마음은 왜 생기는 것일까?'

'왜 우리는 힘들다고, 진짜 힘들어 죽겠다고 털어놓지 못하고 가슴에 묻어놓은 채 살아갈 수밖에 없는 것일까?'

입사해서 삼십대를 맞이하고 서른 중반을 넘어가고…. 일에만 몰두하며 살아왔다. 동년배의 경쟁자들과 눈에 띄는 실력을 갖춘 후배들에게 밀리지 않기 위해 얼마나 고군분투했던가. 마흔에 이르러서는 더더욱 주변의 기대와 자신의 의지가 보태지면서 경쟁에 영향을 주는 것들 외에는 아무것도 생각하지 않고 달렸다. 그렇게 죽을힘을 다해 고대했던 결승선을 통과했다 싶었는데, 이제 숨 좀 돌릴 수 있으려나 싶었는데…. 아뿔싸, 앞서 달리고 있는 사람은 또 왜 그리 많은가.

마흔이 되면서 늘 눈앞에서 서성거리는 것이 '언제까지 버틸 수 있을까?'라는 말 못할 고민이다. 싫지만 떨쳐낼 수 없다. 누구에게나 마흔은 인생의 전환점이다. 말하자면 성장의 기회가 되든지 아니면 정체되든지 명확히 구분되는 분기점이다. 지금보다 좀 더 앞선 삶을 살 것인지 이전의 삶에 물려 꼼짝 못할 것인지, 이러한 고민이 밥벌이하는 생존 터전에서부터 꿈틀거린다.

그럭저럭 괜찮던 실적이 중요한 시기에 곤두박질쳐 경쟁에서 밀려난다. 어제까지 친하게 지내던 동기가 승진하고, 자신은 힘이 없는 부서로 밀려난다. 더욱이 자신의 스타일과 전혀 맞지 않는 상사와 부딪히면서 마흔의 생활은 뿌리째 흔들린다.

　'과연 지금의 일로 얼마나 버틸 수 있을까?'

　'앞으로 이 일로 먹고사는 문제가 해결될까?'

　'어디까지 승진할 수 있을까?'

　이런저런 고민이 머리에서 떠나질 않는다. 더구나 사는 것도 좀체 나아지질 않는다. 병원에 자주 드나들기 시작한 부모님이 자꾸만 걱정되고 아이들은 클 만큼 커서 학비며 용돈이며 돈 먹는 하마가 된다. 사정을 아는지 모르는지 애들이 컸으니 좀 더 큰 집으로 이사하면 좋지 않겠느냐는 아내의 말에는 어깨가 천근만근이 된다. 회사든 집이든 어디에도 마음 붙일만한 곳이 없고 하소연할데도 없다.

　마흔의 자리는 또 왜 그리 위태롭고 부실한가. 갖은 힘을 다해 이 자리에 앉았건만 무엇 때문인지 잘나가는 친구들과 비교하면 자신은 여전히 초라하기만 하다. 앞에서는 웃으면서도 뒤로는 빈틈을 찾으며 자리를 노리는 경쟁자들의 눈매는 얼마나 부담스러운가. 언제 무너질지 모르는 갱도에 들어선 광부처럼 불안감에 사로잡힌다.

그래서 남들 앞에서는 당당해 보이려고 애쓰지만 뒤돌아서면 참을 수 없는 열등감에 울게 된다. 다들 성공한 삶을 사는데 나만 뒤처져 나뒹굴고 있는 것 같은 열패감은 누구에게도 터놓을 수 없다. 뒤로 꼭꼭 숨기는 수밖에 없다.

마흔은 언제나 남의 요구에 맞추려 애쓰고 기대에 어긋나지 말아야 한다는 생각에 쫓기느라 자신의 삶을 살지 못한다. 자신의 삶을 잊은 지 오래다. 아니, 그동안 요구받은 역할에만 충실했을 뿐 아무도 본연의 모습에 관심을 갖지 않았다.

지위가 높아지면서 할 일은 점차 늘어나고 시간과 실적 압박에 쫓긴다. 주어진 역할을 해내기에도 시간은 늘 부족하고 더불어 자신만의 시간은 자꾸만 줄어든다. 관객이 원하는 몸짓을 하느라 정작 자기 자신은 돌볼 틈이 없어지는 것이다. 자기가 없는, 자기가 원치 않는 삶에서 새나오는 외로움과 고독감, 자기를 잃어버릴 것 같은 두려움은 마흔이 되면서 극에 달한다. 그렇다고 그걸 누구에게 터놓는단 말인가.

마흔에 이르기까지는 정말 죽도록 일만 했다. 일 하나만 보고 살았다고 해도 과언이 아닐 정도로 일에 미쳐 있었다. 일만 잘하면 모든 것이 일사천리였다. 그래서 집안일은 언제나 뒷전이었다. 그건 아내의 몫이라 생각했다. 승진을 거듭하면서 자신감도 생겼다.

승진하지 못한 동료들이 실망하거나 초조해하는 모습을 보면서 안타까워하기도 했지만 내심 마음을 놓곤 했다. 그렇게 정신없이 달려 이른 곳이 지금의 부서장 자리다.

그런데 언제부턴가 혼자가 된 느낌이다. 없던 방이 생기고 좀 더 넓은 곳으로 옮겼지만 찾아오는 이들이 점차 줄었다. 가까이 지내던 동료들은 언젠가부터 서먹서먹해졌고 후배들은 부담스러운지 슬슬 피하기만 할 뿐이다. 고립감은 이것만이 아니다.

집에 가도 이방인이 된 듯한 기분은 마찬가지다. 모든 집안일은 아내의 손에서 시작되고 끝난다. 아버지란 존재는 그냥 먹이를 물어다 주는 가장일 뿐 그 이상이 아니다. '이런 대접 받으려고 그토록 안달하며 달려왔던가?' 하는 자괴감이 찾아들며 그대로 쓰러지고 싶을 뿐이다. 가정을 지키느라 죽도록 일했지만 정작 가족에게 제대로 인정받지 못하는 존재가 된 것 같다. 그런 느낌은 서글픔을 넘어 고통스럽기까지 하다.

일터에서 떠날 날은 어느 정도 예측할 수 있다. 먼저 떠난 선배들을 보면서 체득했기 때문이다. 퇴직을 목전에 두고서도 선배들은 "아직은 아니야. 적어도 몇 년은 더 할 수 있어"라면서 떠나야 하는 상황에 처했음을 인정하지 않았다. 하지만 결국 모두 떠났다.

그래서 현명한 이들은 마흔의 문턱을 넘어서면서 직장 이후를 준비한다. 누구는 선배가 하는 회사에서 다시 시작하겠다고 하고, 누구는 가업을 물려받으면 된다고 하고, 누구는 그동안 따놓은 자격증으로 창업을 하겠다고 한다. 주위에서는 이런 준비들을 착착 하고 있는데 유독 자신만 아무런 대책도 없이 하루하루를 보내는 것 같아 정말 착잡하고 두려워진다. 하던 일도 손에 잡히지 않는다. 작은 일에도 신경이 곤두서고 쉽게 짜증이 난다. "걱정하지 마. 다 생각이 있어"라고 호기를 부리면서 걱정스레 쳐다보는 아내의 눈빛을 외면한다. 무능한 가장으로 보이고 싶지 않기 때문이다.

꿈과 현실은 그 거리가 결코 가깝지는 않다. 도저히 이룰 수 없는 상황에서도 꿈을 이루어내는 사람들의 이야기가 간혹 영웅담이 되어 귀를 솔깃하게 하기도 한다. 그렇지만 자신이 그런 영웅담의 주인공이 될 것이라고 생각하는 마흔은 드물다. 그래도 이 땅의 마흔들은 죽도록 뛰고 달린다. 영웅담에서 나오는 회사와 나라를 위해서가 아니라 오로지 가족의 미래를 지키기 위해서다. 그 속에 자신은 오롯이 빠진 채 말이다.

그런데 이들은 과연 가족에게 어떤 모습으로 기억되고 있을까? 혹 그냥 돈만 버는 사람으로 치부되는 건 아닐까? 이른 아침에 나가서 저녁 늦게 들어오는 '이방인'이 되는 건 아닐까? 혼자서 아파하면서 외로움과 두려움에 떠는 연약한 한 명의 남자일 뿐인 건 아닐까?

이 땅의 마흔들이 결코 드러내놓지 못하는 속마음일 것이다. 친구들과의 술자리에서 말없이 술잔만 들이키다가 오랜만의 만남에도 썩 좋지 않은 기분으로 헤어지게 한 이유일 것이다.

집에 들어서자마자 아이 방으로 간다. 웅크리고 자는 아이의 잔잔한 숨소리가 방안을 채우고 있다. 언제 이만큼 컸는지 오히려 침대가 작아 보인다. 생각보다 무거워 바로 눕히는 데에도 힘이 든다. 발로 차낸 이불을 덮어주는데 아이가 술 냄새를 맡았는지 고개를 돌리며 돌아눕는다.

나는 이 아이에게 어떤 모습의 아버지로 기억될까? 누구에게도 털어놓지 못하는 속마음을 가슴 가득 담고 사는 아버지의 삶을 언제쯤 이해하게 될까? 아니, 이해해주기는 할까?

내 마음속
외로운 아이

가장이라는 명찰을 달고 밥벌이를 하는 남자들의 인생은 다 그렇다. 가족 누구도 배고파서는 안 되고, 남들보다 모자라지 않아야 하며, 특히 털끝만큼도 아프거나 힘들어서는 안 된다. 그 모든 것을 책임지고 힘이 있는 그날까지 지켜야 한다는 강박에 시달린다. 더욱이 그 때문에 약해 보여서는 안 된다는 생각이 앞서 남의 동정이나 이해 따위는 결코 바라지 않는다. 그런 까닭에 그들의 곁에는 처연한 자기 그림자만 있을 뿐 늘 혼자다.

끝없는 경쟁 속에서 살아남기 위해 조직에서 원하지 않는 행동은 생각조차 할 수 없다. 조직에서 소외되는 즉시 가장으로서의 책임을 다할 수 없으리라는 불안에 시선은 늘 남에게로 향한다. 때문에 씨름판에 들어섰으면서도 자신의 온전한 기술 한 번 걸어보지 못한다. 나를 위해 살지 못하는 것이다. 그러면서 그것이 곧 다른 사람들과 연결되는 단단한 끈이라 생각한다. 그곳에 자기 자신은 없다. 자신을 내세우면서도 언제나 외로운 이유다.

어느 회사의 과장, 차장, 부장이라는 완장이 자신을 대신하며 시간이 갈수록 완전히 대체되어버린다. 소박한 꿈을 가진 남자, 어떤 것을 좋아하고 무엇을 잘하는 누군가가 아니라 '회사인간'으로서의 지위가 언제나 자신보다 앞선다. 울 밖에서는 당신이 진짜 누구냐고 묻는데 대답은 항상 어느 회사의 누군가에 맞춰져 있다. 그러고는 그에 걸맞은 대접을 원한다. 하지만 그런 기대는 애초부터 무시당할 게 뻔하다. 그런 기대와 현실의 차이가 또다시 외롭게 한다.

마흔이라면 조직에서 성과를 발휘해야 하고 가정도 지켜야 한다는 강박관념을 지니고 있다. 오로지 밥벌이를 위해 조직의 시선에만 맞추며 대부분의 날을 보내게 된다. 그러다 어느 날 문득, 지금 딛고 서 있는 살얼음판에서는 행복과 보람과 가치를 발견할 수 없음을 깨닫는다. 그러면서 자신도 모르게 인생의 허무함과 공허함을 느끼게 된다. 그 순간 마흔은 지독한 외로움에 휩싸인다.

"집에서는 마누라가 틈만 나면 돈타령이지. 아이들은 다 컸다고 자기 방에서 안 나오지. 회사에서는 중간에 끼어 위아래 눈치 보느라 정신없지. 그나마 친구들밖에 없는데 전화해보면 다들 왜 그렇게 바쁜지…. 요즘 정말 외롭다, 외로워. 도대체 속마음 후련하게 털어놓을 데가 없어."

직장 동료의 하소연처럼 대체로 마흔쯤이면 남자는 '외로움'이라는 속앓이를 심하게 한다. 유일한 내 편인 가족들과의 대화는 점점 줄어들고, 밥벌이 전선에서는 경쟁이 더 치열해져 누가 아군이고 누가 적군인지조차 구분할 수 없는 처지에 몰린다.

그런 불안함 속에 있다 보면 내가 어떤 생각을 하며 사는지, 어떤 상태에 있는지 관심을 둘 수가 없다. 심적인 여유가 없기 때문이다. 망망대해에 나만 떠다닌다는 생각이 불쑥불쑥 솟구치면서 미치도록 외롭고 쓸쓸해진다. 할 수만 있다면 등에 진 모든 짐을 내려놓고 무작정 떠나고 싶어진다.

사실 외로움은 경쟁과 불안이 모태다. 반드시 '밟고 일어서야 한다'는 경쟁 심리와 '지면 끝장이다'라는 불안이 서로 맞물리면서 악순환이 이어진다. 그렇게 오로지 경쟁과 불안에만 몰두하면서 자신의 정체성을 점차 상실한다. 결국에는 본래의 나는 사라지고 그 자리에 쓸쓸함과 외로움이 가득 고이게 되는 것이다.

그러나 외로움을 겪지 않고 성장하는 일은 불가능하다. 사람을 이해하고 삶을 통찰하는 데 외로움을 들여다보는 것만큼 빠른 길은 없다. 외로움의 집에는 인간이 가질 수 있는 온갖 감정이 세들어 살기 때문이다.

그중에서도 경쟁심과 불안이 두 개의 기둥이 되어 정교하고도 견고하게 외로움을 떠받친다. 불안과 경쟁심을 가까이 들여다보면 그 속에는 가족을 굶길 수 없다는 '부양의 의무'가 똬리를 틀고 있음을 알 수 있다. 마흔의 외로움은 어쩌면 그것이 이유의 전부일지도 모른다.

마흔의 남자들이 외로운 것은 정녕 홀로 있어서가 아니다. 힘들어서도 아니다. 이른 아침에 나가서 밤늦도록 일하고 돌아오지만, 그렇게 해도 누구 하나 그 고생을 알아주지 않기 때문이다. 부양의 의무가 아무리 절망스럽다 해도 누군가가 그의 희생을 인정해준다면 떨궜던 고개를 들고 오뚝이처럼 다시 일어설 것이다. 이것이 이 땅을 살아가는 마흔의 남자들 속내다.

떨구어버리고 싶은 외로움이겠지만 한편으로는 마흔에 이른 이들에게 필요한 감정이기도 하다. 위대한 성취는 제쳐놓더라도 이러한 외로움이라는 감정을 통해 진정한 어른으로 성장하기 때문이다. 죽을 만큼은 아니지만 고통스러운 외로움을 경험한 사람이라야 남을 따뜻하게 배려하고 보듬을 수 있다.

외로움에 대해 한 번도 깊이 생각해보지 않은 사람이 '불안과 경쟁'에 대해 의문을 가질 리 없다. 외로움의 바다에 빠져서 살려고 허우적거려봐야 인간에 대한 이해와 통찰의 폭을 키워가며 더 큰 세계로 나아갈 수 있다.

〰

한 사람이 있었다.
그는 자신의 그림자를 두려워하고
자신의 발자국 소리를 싫어한 나머지
그것을 떨쳐 버리기로 결심했다.

그의 머릿속에 떠오른 방법은 그것들로부터 도망치는 것이었다.
그래서 그는 달리기 시작했다.

그러나 그가 발을 내디뎌 달리면 달릴수록
새로운 발자국 소리가 늘어만 가고
그의 그림자는 조금도 어려움 없이 그를 따라왔다.

그는 이 모든 재난이
아직 자신의 달리는 속도가 충분하지 않기 때문이라고 여겼다.

그래서 그는 잠시도 멈추지 않고 더욱 빠르게 달렸다.

그리하여 마침내 힘이 다해 쓰러져 죽고 말았다.

그는 이것을 깨닫지 못했던 것이다.

만일 그가 단순히 그늘 속으로만 걸어 들어갔어도

그의 그림자는 사라졌을 것이다.

그가 자리에 가만히 앉아 있었어도

그의 발자국 소리는 더 이상 들리지 않았을 것이다.

– 오쇼(Osho), 《장자, 도를 말하다》 〈그림자와 발자국 소리〉

　외로움에 둘러싸여 힘들고 고통스러울 때는 그것에서 도망치려
고 애를 쓰는 것이 당연한 행동이다. 그러나 이제 더는 그렇게 할
필요가 없다. 몸이 아픈 것이 쉬라는 신호이듯 마음이 힘겨운 것
도 고통이 자신을 알아달라고 보내는 신호라 생각해야 한다. 장자
의 나그네가 그림자를 떨쳐버리기 위해 그늘 속으로 걸어 들어가
듯이 아예 외로움 속으로 걸어 들어가면 된다.

　마흔이라면 누구 하나 예외 없이 외롭다. 외로움은 누구도 대신

짊어지고 갈 수 없는 마흔의 숙명이다. 외로움과 어깨를 견고 휘적휘적 걸어가는 것이 마흔에 이른 이들이 가져야 할 삶에 대한 예의일지도 모른다.

　마흔을 살고 있는 이 땅 모든 남자들의 마음속에는 외로운 아이가 살고 있다. 그러니 외로움 속에서도 흔들리지 말고 당당히 걸어가야 한다. 벗어나려 몸부림치지 말고 외로움과 하나가 되어야 한다. 외로움이 하는 이야기에 귀를 기울이며 외로움이 주는 의미를 찾고자 마음에 귀 기울여야 한다.

계절이 바뀌면
나도 모르게 눈물이 난다

—————— 시도 때도 없이 울컥울컥 치민다. 등산로 입구 길가에 앉아서 푸성귀를 파는 연로한 할머니들의 거친 손만 봐도 울컥거리고, 주말 늦은 오후 한적한 공원 귀퉁이에 홀로 앉아 있는 등 굽은 할아버지의 모습에서도 여지없이 가슴이 저린다. 길거리에 아무렇게나 누워 있는 노숙자들의 손톱 밑 검은 땟자국에서 쉬이 눈길을 떼지 못하고, 차비 좀 보태달라며 불쑥 손을 내미는 이들의 퀭한 눈동자도 그냥 지나치지 못한다.

  늦은 저녁 축 처진 어깨 위에 가로등 불빛을 얹고 골목길을 터덜터덜 걸어가는 중년의 뒷모습은 상상만 해도 눈시울이 붉어지고,

밥벌이를 하느라 정신없이 바쁜 이들을 볼 때마다 마음이 애잔해진다. 어렵게 자수성가한 사람들의 이야기에도 금방 무릎 위로 눈물이 떨어지고 아내의 자글자글한 눈주름과 거친 손도 코끝을 시큰하게 한다. 늦게 귀가하는 아빠를 기다리다 지쳐 아무렇게나 잠든 아이들의 얼굴을 볼 때면 왠지 모를 서글픔으로 서 있기조차 힘들다.

마흔이 되면서 생긴 현상들이다. 짜증도 늘었지만 눈물도 늘었다. 멜로드라마는 아예 피해버리고 고생고생해서 성공한 얘기가 나오는 화면에도 눈을 두지 못한다. 나의 고단함을 말해주는 것 같아서다.

종일 정신없이 일을 쫓아다니다 퇴근하면 왠지 알 수 없는 허전함이 밀려들고, 많은 이들을 만나고 함께 일하면서도 어느 순간 지독한 외로움이 찾아드는 횟수가 잦아졌다. 그러더니 이제는 조그마한 감정의 흔들림에도 쉽게 가슴이 저민다. 누구는 사십대가 되면서 변화하는 호르몬의 영향이라고 하고 누구는 몸의 기능이 떨어지면서 일어나는 자연적인 현상이라고 한다. 하지만 이러한 현상들은 마흔이면 누구나 겪게 되는 두려움과 억울함, 외로움 같은 감정에서 비롯된 것일 터다.

가족을 건사하느라 앞만 보고 달리다가 숨을 고르기 위해 고개를 들어보니 자신은 한 평 남짓한 위태로운 절벽 위에 서 있다. 한 발만 잘못 내디뎌도 까마득한 절벽 아래로 흔적 없이 사라져버릴 곳, 앞으로도 뒤로도 꼼짝할 수 없는 곳에 이른 것이다.

가장들이 밥벌이에 온몸을 던지는 동안 아내들은 조금씩 가장의 땅을 침범하며 자기 것으로 만들었다. 남편이 없는 사이 야금야금 자신의 땅을 넓혔다. 이 땅의 마흔들이 밥벌이 전선에서 간신히 버티느라 애쓰는 동안 아내는 영역 싸움에서 완전히 승리를 거둔 것이다. 아이들의 가슴에도 온통 엄마의 깃발만 펄럭일 뿐 마흔에 들어선 아빠의 땅은 한 평도 없다.

그러니 위태로운 마흔들의 안주머니는 두려움과 외로움, 억울함으로 가득 차 있을 수밖에 없다. 위로받고 싶어도 그럴 곳이 없고 두려움에 떨어도 따뜻하게 손 내밀어줄 이가 보이지 않는다. 아무도 그들의 속내를 읽어주지 않는다는 생각이 밀려들면서 '내가 이런 대우 받자고 그동안 힘들게 달렸나?' 하는 허무와 자괴감에 시달리게 된다.

역설적이게도 사회적 지위가 오르고 나이를 먹고 삶의 이력이 쌓일수록 더욱 쓸쓸해한다. 조직에서 인정받는 만큼 자신의 내면을 더 깊은 곳에 숨겨두어야 하는 탓이다. 마흔 무렵이면 심지어 가족에게도 자신의 복잡한 심사를 모두 드러내놓지 못한다. 그것이 가장의 권위를 조금이라도 지키는 길이라 생각하기 때문이다.

친구는 아내가 언제부턴가 아이들과 이메일을 주고받더란다. 어깨너머로 슬쩍 보니 "엄마, 나를 낳아줘서 고맙고 늘 친구가 되어줘서 고마워요. 사랑해요" 뭐 이런 내용이었는데 그게 정말 부럽더란다. 그래서 그도 아이들의 이메일 주소를 알아내 메일을 보냈다.

"아빠는 너희를 사랑한다. 튼튼히 자라줘서 고맙고, 그래서 아빠는 행복해!"

며칠 뒤 아이들이 보낸 답장을 받는데 딱 한 문장이더란다.

"아빠가 어쩐 일이에요?"

얼마나 서운했는지 모른다고 했다. 그날부터 세상 살맛이 안 나더라는 것이다. 자신이 서 있는 땅이 얼마나 연약한 지반인지 알게 되었다고 한다.

이런데도 눈물이 솟구치지 않는다면 건강한 중년일 수 없다. 그건 틀림없이 탈이 난 거다. 만일 가장이기 때문에 또는 남자라는 이유로 눈물이 허용되지 않는 비좁은 공간에 있다면, 그래서 눈물이 부정된다면 마흔의 위태로움과 억울함은 '일탈'이라는 아주 위험한 출구로 향하게 된다.

사진작가 로버트 킨케이드는 털털이 픽업을 몰고 먼지를 풀풀 날리며 시골길을 달린다. 사진을 찍기 위해서다. 그 길이 끝나는 곳에 하얀 집이 있고 거기엔 시골 아낙 프란체스카 존슨이 살고 있다. 그녀는 다리까지 가는 길을 묻는 사내의 강렬한 눈빛에 마음이 흔들린다. 잔잔하면서도 운명같은 사랑 하나가 그렇게 시작되었다. 먼지 날리는 초원에서 무심한 농사꾼 남편과 따분하기 이를 데 없는 생활을 해온 사십대 시골 여인과 건조한 세상에서 이 시대 마지막 카우보이라 자처하는 오십대 사진작가의 사랑이다.

그들은 상대를 통해 자신의 모습을 보게 되고, 그들만의 순수한 사랑을 나눈다. 평생을 함께하고 싶어했지만 결국 가족이라는 울타리를 넘지 못한다. 그러나 세상을 떠나는 그날까지 두 사람은 서로를 잊지 못한다.

클린트 이스트우드와 메릴 스트립이 열연한 영화 〈매디슨 카운티의 다리〉 줄거리다. 중년의 사랑을 잘 표현한 영화라지만 사실 중년의 일탈을 다룬 것이다. 도덕의 잣대로 재자면 분명 불륜이다. 그럼에도 '아름다운 중년의 사랑'으로 받아들여지는 것은 그나마 중년의 마음을 충실히 그려냈기 때문일 터다. 여기에 추락으로 이어지지 않은 절제된 사랑 때문이기도 하고.

하지만 영화와 현실은 엄연히 다르다. 마흔의 남자들은 가끔 로버트 킨케이드를 꿈꾸지만 그건 어디까지나 영화일 뿐이다. 마흔의 상황은 영화와는 달라도 너무 다르다. 아름다움과 순수를 논하기엔 너무나 절박한 처지다. 넘지 말아야 할 선을 넘는다면 삶의 경계가 일순간에 무너져버린다. 한 번 넘은 선은 더는 안전한 울타리가 되지 못할 테고 모든 삶의 질서가 뒤죽박죽되면서 인생 또한 무너지고 만다. 마흔의 일탈은 삶을 망가뜨린다. 마흔에게 반드시 눈물이 보장되어야만 하는 이유다.

마흔 무렵이면 세상 돌아가는 이치를 훤히 알게 된다. 문리가 터득되고 철리(哲理)를 깨우치게 되는 나이다. 어지간한 일은 왜 그렇게 되는지, 어떻게 하면 해결될지를 가늠할 수 있게 된다. 그래서 측은지심과 동병상련이란 감정이 마흔과 더불어 산다.

밥벌이하느라 눈물겹게 뛰어다니는 가장들의 발걸음만 봐도 가슴이 울컥거리는 것은 그렇게 하지 않으면 어떤 미래가 닥쳐올지를 속속들이 알기 때문이다. 그래서 걸음마다 삶의 고단함과 신산함을 똑같이 느끼는 것이다.

연로한 어른들의 주름진 얼굴에서 서글픔을 느끼는 것 또한 이세상에서 자신의 존재가 점차 잊혀가는 것에 대한, 다시 말해 나이 드는 것에 대한 두려움을 알기 때문이다. 그 두려움 속을 휘적휘적 헤쳐나온 노병들의 주름만큼 외로움을 강렬히 뿜어내는 것도 없다. 마흔은 그 외로움과 억울함을 남의 일로 보지 않을 나이다.

이유가 무엇이든 간에 마흔에게는 결코 눈물을 흘리지 않을 수 없는 뭔가가 있다. 특히 남자의 마흔에는 더욱 그렇다. 마흔의 남자가 살고 있는 환경에서는 온통 경쟁이 난무한다. 뻔히 다 알고 있는데도 이런저런 눈치와 여건 때문에 행동하지 못하는 것들이 부지기수다. 온갖 것을 속으로 삼키고 꾹꾹 눌러 쟁인다.

그런데 세월이 흐르면서 이러한 감정들이 서서히 새나온다. 때론 울컥울컥 튀어나오기도 하는데 마흔이면 최고조에 이른다. 그것이 눈시울을 붉게 하는 것이다. 도대체가 통제되지 않는 눈물이 시도 때도 없이 솟구치는 것이다. 남이 볼까 돌아앉는 모습이 많아지는 것은 이 때문이다.

참을 수 없이 억울해지면 울어버리는 아이처럼 이 땅의 마흔들은 조그마한 자극에도 눈물을 흘린다. 언제 터질지 모르는 뇌관을 가지게 된 것이다. 이것은 호르몬과 노화현상 때문만은 아니다. 억울하고 답답하고 외롭고 두려운 마음을 어딘가로 내보내지 않으면 깊은 병이 되기에 눈물로 스스로를 치유하는 것이다.

마흔에 접어들면서 계절이 바뀔 때마다 자신도 모르게 눈물이 난다면 제대로 사는 것이다. 이것은 가정을 지키고 가족을 건사하기 위해 마흔이 스스로 행하는 '힐링'이다. 시도 때도 없이 눈시울이 붉어지는 일조차 없다면 마흔의 삶은 이미 막을 내린 것이나 다름없다.

물기 젖은 눈은 같은 바람에도 더 차가워진다. 상처 없이 어떻게 아름다운 꽃을 피울 수 있으랴. 두렵고 억울하고 외로운 마흔들이

여, 이제 당당히 눈물을 훔치자. 누가 쳐다보면 쳐다보는 대로 둘 뿐, 절대 구석진 곳으로 돌아앉지 말자.

　마흔의 외로움과 고독, 억울함과 눈물이 사회와 가정을 먹여 살리고 있다는 것을 기억하자.

손가락 하나
까딱하기 싫은 날

언젠가 아내와 함께 떠났던 남도 여행이 기억
난다. 아내는 고요한 바다를 보고 "정말 아름답다!"며 감탄사를 연
발했다. 헤아릴 수 없이 많은 섬을 거느린 남도는 새하얀 구름과
남빛 바다, 간간이 고요를 깨우는 갈매기 소리가 어우러져 가히
절경이었다.

그런데 바다와 더불어 사는 사람들은 그렇게 접시 물같이 고요
한 바다를 싫어한다고 한다. 일렁이지 않는 고요한 해면은 숨 막
히고 답답하다는 게 이유다. 비록 위험하지만 바다는 너울과 파도
가 치며 살아 있어야 한다는 것이다. 바다에서 먹고사는 문제를

해결하는 그들이 바라는 것은 잔잔한 바다가 아니라 거칠게 살아 있는 바다였다.

크게 잘못될 일도 없고 앞으로 당분간은 별문제가 없을 것 같은 직장 생활, 세월을 셈해보니 발등에 불 떨어질 일은 아직 남의 일처럼 여겨지기도 하는 나이다. 그러나 지금의 안온함이 온몸을 감싸며 행복감으로 바뀌어 영원히 이어질 것 같이 느껴질 때 나태와 타성이 노크를 하며 찾아든다. 지금의 안정을 위해 그동안 얼마나 많은 시간을 아파하며 보냈는지 떠올리면 더는 모험을 감행할 이유가 없는 듯하고 그럴 용기도 나지 않는다. 아무것도 하기 싫어지고 물먹은 솜이 된다. 손가락 하나 까딱하는 것조차 귀찮아진다.

이렇듯 기대하는 것도 별로 없고 언제나 예측이 가능해서 도무지 재미라고는 없이 무료해지는 일상이 누적되면 어느 순간 나태와 타성으로 삶이 무너지기 시작한다. 끝없이 나락으로 떨어지는 것이다.

마흔 무렵이면 뚜렷한 이유도 없이 일에 흥미가 떨어질 때가 있다. 흥미가 없어지면 꿈과 비전이 희미해지면서 앞이 잘 보이질 않는다. 뿌연 안갯속에 있는 것처럼 답답해지고 온몸이 처진다. 사람들 사이에 있어도 외로움이 고개를 들고, 무엇 때문에 사는지 회의감이 늘면서 항상 붙어 다니던 경쟁과 불안에도 잠시 무감각해진다.

경쟁과 불안이 비운 자리를 곧바로 무료함이 차지한다. 무료함은 타성과 나태로 이어지면서 다시 일에 흥미를 잃게 하는 악순환을 만든다. 자신이 어디쯤 있는지, 무엇을 향해 가는지 알 수가 없어진다. 무엇 하나 제대로 하는 게 없는 것 같은 생각이 들면서 아무것도 하기 싫은 상태에 접어든다. 마흔에 이르기까지 남들만 쳐다보며 숨 막히게 달리느라 정작 자신의 기대를 헤아려보는 기회가 적었기 때문이다.

아내는 슬프다고 했다. 서러워서 눈물이 날 뻔했다고 했다. 저를 어떻게 키웠는데 그럴 수 있느냐며 급기야 눈물을 찍어낸다. 이제 아무것도 하기 싫단다. 아이가 일기장에다 엄마를 '집에서 제일 싫은 사람'이라고 적은 게 화근이었다.

뱃속에 있을 때 심한 감기몸살에 끙끙 앓으면서도 약 한 첩 안 먹고 버텼고, 아기 때 열이 올라 칭얼거리면 밤새 안고 달래느라 지금도 팔목이 저리다는 아내다. 아프면 오밤중에도 둘러업고 응급실로 뛰어갔고 이름 있는 유치원에 보내려고 새벽부터 줄을 섰다. 친구들한테 기죽으면 안 될 것 같아 좋은 것들로만 골라 입혔고 아이를 위한 것이라면 물불을 가리지 않았다. 그러느라 정작 자신에게는 아무것도 해주지 못했다. 그런데 어떻게 자기를 싫다고 할 수 있느냐는 것이다. 아내는 지금껏 쏟아온 애정과 헌신이 배신당했다면서 허탈해했다.

친구는 몇 달 만이지만 아내와 아이들을 만날 생각에 잠을 설치며 설렜다고 했다. 그동안 떨어져서 지내느라 힘들었던 시간을 위로받으리라 잔뜩 기대하며 찾아갔다고 했다. 하지만 막상 얼굴을 보고 나니 실망이 이만저만 아니었다. 아내는 그렇다 치더라도 아이들 반응이 너무 심드렁하다 못해 차가웠던 것이다. 타인을 대하듯 말을 걸어도 대답도 잘 하지 않았다. 아빠가 왜 또 왔느냐는 식이었다. 그래서 좀 나무라기라도 할라치면 아내와 아이들이 똘똘 뭉쳐 한편이 되었다.

역시나 거기서도 친구는 혼자였다. 그는 그리움과 외로움 때문에 힘이 들어 쓰러지기 일보 직전인데 가족 누구도 몰라주는 것 같다는 생각이 들면 더는 아무것도 하기 싫어진다고 말했다. 누구를 위해 등골 빠지게 일하고 있는지 모르겠다는 것이다.

친구는 가족을 만나고서 오히려 상처만 받았다. 자신이 단지 돈 버는 기계일 뿐이라는 생각에 삶이 그렇게 허무할 수 없더라고, 왜 기러기 아빠를 자처했는지 정말 후회되더라고 고개를 내저었다.

마흔을 넘어서면 권한과 책임이 늘어난 만큼 기대하는 것도 많아진다. 대부분의 기대에는 그동안 책임을 다하느라 죽을힘을 써온 자신을, 그 헌신을 이해해달라는 욕구가 밑바탕에 깔려 있다. 이것은 남자나 여자나 다를 게 없다.

마흔을 넘어선 이들의 마음자리를 외로움과 쓸쓸함이 넓게 차지하는 것은 이러한 기대가 채워지지 못하고 거부되어 자주 상실감을 겪기 때문이다. 기대하는 만큼 이해받지 못하고, 거절과 거부를 당하는 경험이 쌓이고 쌓이면 상실감으로 바뀐다. 그리고 어느 순간 한계점을 넘어서면서 심한 좌절감에 와르르 무너진다. 한 발도 내딛기 싫어지고 땅이 꺼지라 한숨만 내쉬게 되며 아무것도 하기 싫다며 일상을 내팽개치게 된다.

극단적인 경우에는 상실감을 견디다 못해 우울증으로 발전하기도 하고, 안타깝게도 돌이키지 못할 일을 저지르기도 한다. 그래서 마흔의 고개를 지나면서부터는 가족이나 다른 사람보다 나 자신을 먼저 챙겨야 한다. 내 안에 외롭게 웅크리고 있는 상처 입은 어린아이를 보듬어줄 수 있어야 한다.

사람들은 대체로 다른 이들의 좌절과 상처를 쉽게 생각한다.

'겨우 그걸 가지고 그렇게 호들갑을 떠나?'

'그게 뭐 그리 상처받을 일이라고 부산을 떨어? 바보같이.'

마흔의 이들은 이런 사소한 말에도 상처를 받는다. 못 견디게 아파하고 괴로워한다. 빗물에 젖어 보도블록에 달라붙은 낙엽처럼 그냥 아무 바닥에나 달라붙고 만다. 아무것도 하기 싫어하고 만사를 귀찮아한다. 이해받고자 하는 욕망이 워낙 크기 때문일 터다.

세상에 상처 없는 사람이 어디 있으랴. 마흔이라면 이제 남에게가 아니라 스스로에게 기대를 걸어야 한다. 마흔 이전의 삶이 성장과 성숙을 위한 경쟁의 나날이었다면 지금부터는 남의 이해에 목숨 걸지 말고 자신이 진정 바라는 것이 무엇인지를 스스로에게 물어야 한다.

아프니까 청춘이라지만 아플 수도 없는 마흔이다. 그래서 더욱 외롭고, 고독하고, 힘겹고, 고통스럽다. 하지만 이제부터라도 미친 듯이 앞만 보며 질주하지 말고 잠시 멈춰 서서 주위를, 나 자신을 돌아봐야 한다.

가슴이 시키는 대로 오로지 자신을 위해 살아야 한다. 마흔까지는 가족, 타인을 위해 살았다면 마흔 고개를 넘어서부터는 이제 이기적으로 살아도 된다. 까칠하게 살아도 된다.

친구는 저녁 자리가 끝나자 곧바로 찜질방으로 향했다. 집에 가봤자 누가 있어 반겨줄 것도 아닌데 굳이 일찍 가면 뭐하냐는 거였다. 체념이고 후회였다. 그의 쓸쓸한 뒷모습을 보고 있자니 온몸에 힘이 빠졌다. 아이들을 외국 보냈다며 기대에 부풀어 목소리를 높이던 모습이 그 위로 겹쳐졌다.

집에 들어서니 아내는 아직도 아이와 눈을 맞추지 않고 있었다. 아내는 아내대로 아이는 아이대로 자신의 자리에서 꿈쩍도 하지 않았다. 얼마 안 있으면 풀릴 테지만 이조차 마음이 편치 않다.

살다 보면 문득 인생의 공허함이 느껴지고 아무것도 하기 싫은 날이 있다. 그럴 땐 하릴없이 시간을 죽일 것이 아니라 내 가슴이 시키는 일이 무엇인지 곰곰이 생각해봐야 한다. 가슴이 시키는 일은 오로지 나 자신을 위한 것이기에 무엇이든 간에 재미와 함께 성취감을 맛볼 수 있다. 의욕과 열정이 샘솟아 시간 가는 줄 모른 채 빠져들 것이다.

그동안 밥벌이를 위해 살았다면 이제 남은 인생은 자신을 위해 뜨겁게 살아야 한다.

집에서도
겉도는 가장

────────────── 몇 년 전에 희망퇴직을 한 선배는 연거푸 한숨을 몰아쉬었다. 생각하면 할수록 분하다는 것이다. 주먹마저 불끈 쥔 그의 손은 정말 무엇이라도 때려 부술 것처럼 부들부들 떨렸다. 취기에 벌겋게 달아오른 얼굴로 쏟아낸 얘기는 이랬다.

그는 대기업 보험회사에 다녔다. 의당 그러하듯 대기업에서 쉰을 넘겨 근무한다는 것은 임원이 아니고서야 그리 호락호락한 일이 아니다. 선배도 오십줄에 들어서면서 희망퇴직을 했다. 여러 가지로 고민도 했지만 결국 대세를 따르기로 한 것이다.

퇴직 후 몇 달 동안은 괜찮았다. 그동안 밥벌이를 한다는 이유로 제대로 쉬어본 적이 없었는데 모든 것을 내려놓고 나니 몸도 가벼울 뿐 아니라 집안 분위기도 좋았다. 자신의 입장을 위로해주는 아내가 고마웠고 아이들과도 더 가까워져 직장을 다닐 때보다 더 살가운 관계가 되었다.

'그래, 가족이란 이런 거지. 가족보다 더 소중한 게 어디 있겠어. 내가 헛산 게 아니었어. 열심히 산 보람이 있는 거야.'

절로 이런 생각이 들고 처음으로 행복한 가장이라는 걸 느꼈다.

그런데 한동안 대접을 잘 해주던 아내와 아이들이 어느 날부턴가 이상하게 바뀌더라는 것이다. 특별히 바깥나들이를 하지 않으면 함께 있어주던 아내가 점차 혼자서 외출하기 시작했고, 늘 말을 걸던 아이들도 보는 둥 마는 둥 하더니 급기야는 말을 걸어도 소 닭 보듯 시큰둥했다. 게임만 한다며 야단이라도 치면 오히려 반항했고 아내조차 아이들 역성을 들었다.

맛깔스럽게 차려주던 아침은 어느새 아이들이 좋아하는 반찬으로 바뀌었고 진수성찬까지는 아니더라도 대접받는다는 생각이 들게 했던 식탁은 온데간데없어졌다. 노골적으로 귀찮아하는 아내 눈치를 보느라 점심은 손수 차려 대충 때웠다.

처음에는 아내를 따라나섰다. 시장에도 가고 노래교실에도 따라 갔지만 아내가 썩 달가워하지 않는 눈치여서 그만두었다. 그 많던 친구들은 다 어디 갔느냐며 바깥으로 내모는 탓에 친구를 찾기도 했지만 친구도 한두 번이지 매일 만날 수는 없었다.

산행도 나섰지만 혼자 하는 산행은 그리 흥미롭지가 못했다. 새로운 일자리를 찾았지만 금융회사에서만 일한 그가 할 만한 일은 별로 없었다. 갈 곳도 변변치 않고 만날 약속을 할 사람도 별로 없는 처지로 무척 괴로웠던 선배는 술을 찾기 시작했다. 거의 매일 술에 절어 있는 자신이 한심스러웠지만 뾰족한 방도가 없었다.

퇴직금을 야금야금 갉아먹는 생활이 이어지면서 아내와의 불화는 점차 커졌다. 결국엔 작년 막내가 대학에 입학하고 나서 올해 이혼소송에 휘말리게 되었다. 말하자면 '황혼 이혼'보다 더 화젯거리가 된 '대입 이혼'의 당사자가 된 것이다.

앞서 달리는 데에만 온 정신을 모으는 마흔들은 세상을 받치고 있는 '삶의 가치'를 쉽게 지나치는 실수를 범한다. 경쟁자들의 일거수일투족을 귀신같이 잡아채던 더듬이도 변화하는 세상의 가치를 감지하는 데에는 별 힘을 발휘하지 못한다. 감각이 둔해지는 것이다. 온 정신을 달리는 것에만 쏟기 때문이다.

마흔에 이르기까지 앞만 보고 달리느라 잃은 것이 얼마나 많은지 모른다. 속도가 높아지면 지나치는 풍광이 흐려지는 법이다. 그런데 마흔이 넘어서도 멈출 줄 모르고 달리고 또 달린다. 그것이 세상을 잘 사는 것이라 생각하기 때문이다.

세상에는 조급한 사람들은 볼 수 없는, 여유를 가지려고 애쓰는 이들의 눈에만 보이는 '또 다른 세계'가 있다. 주위를 둘러볼 수 있을 정도로 천천히 걸으면 예전에 보지 못했던 풍광의 경이로움에 새삼 전율하게 된다. 앞만 보고 달리느라 정작 주위를 소홀히 하는 조급한 이들과는 차원이 다른 세계에서 사는 것이다. 무거운 짐을 양 어깨에 잔뜩 짊어지고 머리 위에도 짐을 얹어야만 비로소 마음이 편안해지는 이들은 결코 알 수 없는 세계다.

그래서 마흔을 넘어서면 무거운 삶의 보따리를 조금씩 내려놓을 필요가 있다. 아니, 내려놓는 연습을 해야 한다. 내려놓아도 걱정했던 일들이 일어나지 않는다는 것을 알게 될 때에야 또 다른 세계가 보이기 시작할 것이다. 진정한 삶의 깨달음은 나이가 들었다고 저절로 찾아오진 않는다. 비우고 내려놓을 때, 달리느라 스쳐 보낸 세상에 찬찬히 귀를 기울일 때 천상의 선율처럼 가슴으로 밀려든다.

마흔을 넘어서면 이별과 친해져야 한다. 체력이 예전 같지 않고 무엇을 하더라도 뜨겁던 피는 서서히 식는다. 젊은 시절 마음을 사로잡았던 많은 것들이 마음에서 멀어지고 기억에서 퇴화하는 것이 역력하다. 세상을 대하는 방법은 더 지혜로워졌지만, 그런

지혜를 써먹을 곳은 점차 줄어든다.

사람은 저마다 세상을 바라보는 창문을 하나씩 달고 산다. 그 창문의 크기와 생김새는 모두 제각각이다. 크다고 좋은 것이라 할 수 없고 작다고 나쁘다 할 수 없다. 그것은 삶을 바라보는 프레임이고 태도다. 이른바 정체성을 보듬고 온 가치관 말이다. 마흔을 넘어서면 창문은 어느 때보다 단단해지고 유리창은 투명해진다. 세상을 보는 눈이 얼마나 명료해지는지 모른다.

문제는 이러한 가치관이 나이가 들수록 점점 더 굳어지고 견고해진다는 데 있다. 명료해진다는 것은 분별이 심해지고 품을 수 있는 넉넉함이 좁아진다는 의미도 된다. 세상을 바라보는 견고함 때문에 오히려 창문에 갇히는 것이다. 고집과 아집은 이런 상황에서 싹튼다. 늙으면서 구부러진 허리가 땅으로 더 굽어지면서 머리를 들어 앞을 보기가 힘들어진다. 죽음에 이르러서야 말랑말랑해지는 것이 가치관 아니던가. 마흔이 되면서 가치관의 탄력과도 서서히 이별해야 한다.

이 땅의 마흔들은 자신이 꾸리고 가꾼 가정에서조차 설 자리가 점점 좁아지고 있다. 밥벌이 전선에서 죽으라 버티며 가족을 지켜온 땀을 인정받기는커녕 잃어버린 자리를 되돌리기도 힘든 상태에 있다. 도대체 무엇이 잘못되어 이렇게 된 것일까? 무엇 때문일까? 그 이유를 밖에서 찾는다면 영영 해답에 이르지 못할 것이다. 바로 나 자신을 돌아봐야 한다. 그동안 마흔의 가장을 지탱했던 해묵은 가치를 가장 먼저 돌아보자.

세상은 이제 남자들의 책임을 돈 벌어 오는 것에만 한정하지 않는다. 아이 키우고 살림하는 것을 여자만의 의무라고도 생각하지 않는다. 물론 가정에서 경제는 말할 수 없이 중요하다. 그러나 꼬박꼬박 월급 갖다 주지 않았느냐, 돈 벌어주면 됐지 뭘 더 해줘야 하느냐라고 억울해하는 순간 마흔의 자리는 허물어지기 시작한다. 지금의 현실이 그렇고 세상의 가치관이 그렇게 바뀌어버린 것이다.

그래서일까, 사람들은 점점 일과 생활의 균형에 관심이 많아졌다. 일은 일이고 생활은 생활이라는 가치관이 통용되는 시대가 되었다. 특히 갓 입사한 신입사원들을 보면 그런 경향이 뚜렷이 보인다. 선배들은 밤늦도록 잔업할 각오로 퇴근도 잊었는데 이제 갓 들어온 새까만 후배가 개인적인 약속이 있어 퇴근해야겠다며 일어서는 건 새삼스러운 장면도 아니다. 어이가 없기도 하고 분통 터진다는 사람도 있겠지만 지금 세상이 그렇다.

그들과 얘기를 나누어보면 회사 일도 중요하지만 자신의 생활도 중요하다고 대답한다. 한두 명이 아니고 대부분이 그렇게 말한다. 세상은 이미 그렇게 변해버렸다. 그래서 마흔 무렵이면 많은 것을 내려놓아야 한다. 아니, 버려야 한다. 그동안 지탱해왔던 조급함과 오래되어 더는 통하지 않는 묵은 가치관에 미련을 두지 말고 변화한 현실을 받아들여야 한다. 그동안 한껏 짊어지고 온 삶의 무게를 내려놓아야 한다. 그리고 지금 가진 것에 대해 만족할 줄 알아야 한다.

사람은 본능적으로 불안정보다는 안정을 선호한다. 불안정은 색다른 경험과 즐거움을 가져다주지만 안정에서 느끼는 안온함이 없기 때문이다. 그러나 그 안온함의 끝에는 무엇이 기다리고 있을까? 지금의 안온함이 평생 계속될 것이라 착각하는 바보도 없지만, 그렇다고 쉽게 안온함을 털고 일어서는 이도 드물다.

현명하게 삶을 사는 이들은 마흔을 넘어서면서 자기만의 일을 찾아 인생 2막을 준비한다. 1막을 사는 동안에 2막에서 할 일을 미리 찾는다. 여행이든 음악이든 몰두할 수 있는 것으로 다른 사람의 시선이 아닌 자신만의 원칙하에 준비하는 것이다. 1막이 성장을 위한 고통의 시간이었다면 2막은 자신을 뒤돌아보고 무엇이 꿈이었는지를 찾아 실현하는 완성의 과정이다. 남을 위한 것이 아니라 자신을 위한 것이기 때문에 자신감과 열정이 따라온다. 그래서 그런 사람들은 시간이 갈수록 승승장구하게 된다.

선배는 술에 취해 몸을 가누지도 못하면서 부축하는 내 손을 뿌리치고 고래고래 고함을 질렀다.

"이래도 되는 거야! 도대체 내가 뭘 잘못했는데! 죽을힘을 다해 참고 또 참으며 25년을 넘게 돈을 벌어다 줬는데 그게 죄야! 가족이 어떻게 나한테 이럴 수가 있어?"

이렇게 살아서 뭐하겠느냐고, 차라리 팍 죽어버리고 싶다며 흐느끼는 선배의 축 늘어진 팔을 어깨에 둘러메고 술집을 나섰다. 그날 밤바람은 왜 그리 차갑던지, 밤하늘은 왜 그리도 어둡던지.

그동안 나를 억눌렀던 삶의 무게를 내려놓아야 한다. 지금까지 타인을 위한 삶을 살았다면 지금부터는 오로지 내 인생을 챙겨야 한다. 5년 후, 10년 후가 기대되는 인생 2막을 준비해야 한다. 그것이 나뿐 아니라 가족까지 행복할 수 있는 유일한 길이다.

사람은 고독 속에서
성장하는 거야

——————— 마흔에 이르니 사위가 온통 외로움과 절망이다. 숨 쉬는 것조차 고통스러워 아예 어딘가로 달아나버리고 싶은 마음뿐이다. 살림살이는 좀체 나아지지 않고, 이 세상에서 홀로 버티고 있는 것 같은 외로움은 수시로 찾아든다. 현실의 무게에 짓눌린 채 물밀듯 밀려오는 고독감에 휩쓸려 가슴이 미어지고 이대로 주저앉고 싶어진다.

살아가면서 숱하게 맞게 되는 어려움을 매번 술술 헤쳐나가는 이가 과연 몇이나 될까. 어려움이란 대개 바라는 대로 이뤄지지 않는 현실에서 비롯된다. 마흔이면 어려움들이 병목현상을 일으킨다. 어려움 때문에 마음 편할 날이 없다. 죽으라 뛰는데 쌓이는 것은 없고, 해도 해도 메워야 할 곳은 줄어들지 않을 때 고독은 절망과 더불어 찾아온다.

마음을 알아주는 이가 한 명이라도 있었으면 하고 바라지만, 그건 어디까지나 기대일 뿐이다. 살고자 한다면, 더 나은 나로 다시 태어나기를 원한다면 오직 스스로 이겨내야 할 과업이다. 마흔이라면 이것은 숙명일 터다.

아내와 텔레비전을 보는데 눈가를 적시며 노래를 부르는 서른 후반의 남자 이야기가 나왔다. 정제되지 않은 투박한 모습이 진솔해 보였다. 그는 결혼도 했고 아이도 두었고 번듯한 직장도 있었지만 아들의 소망을 저버릴 수 없어 도전을 했다고 했다. 그는 무대에서 모든 것을 쏟아부었다.

"나는 돌멩이. 이리 치이고 저리 치여도 굴러가다 보면 좋은 날 오겠지. 내 꿈을 찾아서, 내 사랑 찾아서, 나는 자유로운 새처럼 마음껏 하늘을 날고 싶어…."

그는 노래를 부르는 내내 울먹였다.

그가 오디션에 참가한 이유는 이러했다. 어느 방송국의 개그맨 시험에서 어렵게 1차 합격을 했다. 그러나 아쉽게도 최종 합격은 하지 못했다. 1차 합격 후 어린 아들에게 이야기한 터라 아들은 아빠가 개그맨이 된 줄로 잘못 알게 되었다.

개그 프로를 볼 때마다 아들은 "아빠는 왜 텔레비전에 안 나와?" 하며 물었다. 그때마다 가슴이 아리고 쑤셨다. 그 때문에 얼마나 외롭고 힘들었는지 몰랐다고 한다. 그는 탈락할 줄 뻔히 알면서도 현실의 무게에 굴하지 않고 용기를 내어 텔레비전 출연에 도전했다.

"서른아홉 살을 마무리하면서 정말 해보고 싶었던 게 개그맨이었습니다. 항상 도전은 하지 않고 될까 안 될까만 고민하면서 39년을 살았습니다. 이번에는 되든 안 되든 해보고 싶었고 아들 앞에 당당한 아버지이고 싶었습니다."

그가 무대를 내려온 후에도 홀을 가득 메운 관객의 박수 소리는 한참이나 계속되었다. 그의 아름다운 도전은 가히 감동적이었다.

사람이란 원래 더는 내려갈 수 없는 바닥에 있는 것 같은 고독 속에서 큰 성장을 한다. 그런 면에서 볼 때 고독은 어쩌면 일종의 수행이라 할 수 있다.

"인간은 사회에서 여러 가지를 배울 수 있다. 그러나 영감을 받는 것은 오로지 고독 속에 있을 때만 가능하다"라고 말한 괴테도 그렇고, "모든 것을 가지고 들어가라. 혼자 머무르라. 다른 사람이 되어 나가라"고 설파한 성 알퐁스도 마찬가지다. 마흔 무렵이면 그동안 바깥으로만 향했던 자신의 시선이 수시로 찾아드는 외로움과 고독의 원인임을 알게 된다. 더는 견딜 수 없을 것 같은 현실의 무게에 보태지는 고독감으로 발걸음이 천근만근이 될 때 자신의 시선이 안으로 향한다. 홀로 있는 시간에 곰곰이 생각해보기도 하고 고독과 용기 있게 맞서기도 한다.

하지만 밥벌이의 책임만큼 고독과 외로움에 그대로 노출되어 있는 마흔이라면 위대한 성취를 이룬 이들의 말에 쉽게 수긍하지 않을지도 모른다. 외로움의 고통과 고독의 위태로움을 너무나 잘 알기 때문이다. 현실과 미래가 걸린 치열한 경쟁에서도 결코 떨지 않던 마흔들이 외로움과 고독 앞에서는 사시나무 떨듯 떨어댄다. 가능하면 돌아앉아 외면하려고 한다. 그렇게라도 하지 않으면 가족을 지켜야 하는 가장의 삶이 흔적 없이 지워질지도 모른다고 생각하기 때문이다.

가족 부양이라는 책임의 끈을 놓아버린 지인은 벌써 1년째 병실에 누워 있다. 동공조차 움직이지 않는 몸이 되어 이제 영영 혼자가 되어버렸다.

그는 외국계 자동차 판매회사에서 승승장구하며 능력을 인정받았다. 그러나 더 나은 도전을 원했고, 고민을 거듭한 끝에 담보대출을 받아 판매 대리점을 열었다. 마흔을 넘어서면서 인생 2막을 자신이 잘하는 일로 승부하겠다는 생각이었다.

의욕이 넘쳤던 만큼 처음에는 판매가 순조로웠다. 자신의 사업이라 이리저리 밤낮없이 뛴 결과였다. 그런데 엉뚱한 곳에서 문제가 터졌다. 난데없이 글로벌 금융위기가 닥치면서 사업이 틀어지기 시작한 것이다. 금융위기로 유동성에 휘말린 회사가 투자를 줄이면서 새로운 모델을 내놓지 못했다.

손쓸 도리가 없었다. 영업 활동 부족으로 문제가 발생한 거라면 얼마든지 해결할 수 있었지만 새로운 모델이 나오지 않아 고객이 발을 돌리는 데는 방법이 없었다. 한 달, 또 한 달, 서서히 감소하던 판매량은 여섯 달을 넘어서면서 급기야 반 토막이 되었고 한 달에 한두 대밖에 팔리지 않으면서 대리점은 대번에 적자로 돌아섰다.

사무실 임대료에다 인건비, 무엇보다 당장 먹고살 일이 걱정되었다. 결국 그가 할 수 있는 건 대리점을 접는 것뿐이었다. 떠나왔던 회사에 판매사원으로 다시 돌아갔지만 일은 예전처럼 잘 되지 않았다. 재기를 노리며 적은 수입에도 힘겹게 버티던 그는 하루하루가 고통스럽기만 했다.

현실의 무게가 주는 중압감만이 아니었다. 주위와 어울리지 못하게 되면서 생긴 외로움과 고독감 때문이었다. 밖에서는 '참 안됐다' 하는 표정으로 바라보는 이웃들의 동정 어린 시선 때문에 힘들었고, 집에서는 무능력한 아빠라는 아이들과 아내의 시선 때문에 괴로웠다.

끝내 그는 모두를 이겨내지 못하고 뇌출혈로 쓰러지고 말았다. 그와 함께 외로움이나 고독과의 싸움도 끝이 났다. 처절한 패배였다. 마흔의 삶과 가정 역시 산산조각 나 흔적 없이 지워졌다. 고독의 급물살이 모든 것을 한 톨 남김없이 휩쓸고 가버린 것이다.

마흔을 넘어서면 대체로 중간관리자가 되거나 사업에 손을 댄다. 관리자라면 아래에서 치받고 위에서 누르기에 운신할 여지가 좁아 항상 옥죄일 테고, 사업을 한다면 뜻대로 되지 않는 일 때문에 엄청난 스트레스를 받을 것이다.

그러나 그보다 더 힘든 것은 아무도 그 마음을 알아주지 않는 외로움이다. 일터에서도 그렇고 집에서도 마찬가지다. 이러한 외로움의 시간들이 모여 만들어지는 고독이라는 강은 자칫 잘못 건너면 마흔의 삶에 치명타를 안긴다.

개인의 능력은 홀로 있는 시간을 어떻게 보내느냐에 따라 엄청난 차이가 난다. 혼자의 시간은 사색과 관찰을 통해 자신을 곱씹어보고 앞으로 나아갈 힘을 비축하는 기회의 시간이다. 혼자만의 시간을 가지면서 경쟁하며 뛰느라 늘 팽팽하던 긴장을 풀어놓으면 생각이 훨씬 더 창의적이고 독창적이 된다.

그리고 자신의 마음속을 좀 더 깊게 들여다보면서 진정으로 원하는 것을 만나게 된다. 어느새 외로움은 고통과 절망이 아닌 기회와 가능성의 시간으로 변한다.

주변을 둘러보면 외로움과 고독에 마흔앓이를 하는 사람이 많다. 주위 사람들은 다들 잘나가는데 자신만 홀로 뒤처진 것 같은 좌절감에 빠져 있다. 하지만 좌절을 겪는다고 해서 인생이 끝난 것은 아니다. 다만, 고독을 곱씹으며 자신만의 계절은 따로 있음을 자각하는 기회로 삼으면 된다. 자신만의 꽃을 피우기 위해 준비하면 되는 것이다.

마흔이라면, 적어도 이 땅의 마흔을 지나고 있다면 그러해야 한다. 마흔의 어깨에 너무나 많은 짐이 얹혀 있기 때문이다.

깊은 산 속에다 오두막을 짓고 평생 홀로 수행한 법정 스님. 한 시대의 스승으로서 속계의 삶을 일깨운 그의 잠언이 병실에 누워 있는 지인의 모습 위로 겹쳐 떠오른다.

"누가 내 삶을 만들어주는가. 내가 내 삶을 만들어갈 뿐이다. 그런 의미에서 인간은 고독한 존재이다. 저마다 자기 그림자를 거느리고 휘적휘적 지평선 위를 걸어가고 있지 않은가."

하루 10분,
내 마음에 말 걸기

──────── 시키면 시키는 대로 하는 것이 인정받는 길이
었다. 모범이 되는 길이었다. 세상이 가르쳐준 그 길은 빠르고 편
했다. 알려준 대로 가기만 해도 원하는 곳에 이르는 데는 전혀 문
제가 되지 않았다. 그래서 굳이 다른 답을 찾으려고 애쓸 필요가
없었다. 답만 보고 뛰면 되었다.

어른이 되어서는 남들의 이목에 맞추었다. 그것이 '괜찮은 사람'
으로 인정받는 길이었다. 남의 눈치를 보거나 그들의 눈높이에 맞
춰 기대를 따르는 것은 안정성을 보장해주었다. 선택의 기준은 항
상 남들이 가지고 있었고 필요할 때마다 편하게 꺼내 쓰기만 하면

되었다. 그렇게 길든 생활이 징검다리처럼 마흔까지 이어졌다.

마흔으로 건너오면서 여러 가지 다양한 모습으로 지내왔다. 누군가의 배우자로, 어느 회사의 직원으로, 부모로, 부모를 받드는 자식으로, 모임의 일원으로. 어느 하나 쉬운 것이 없었지만 주어진 역할에 최선을 다했고 아낌없이 모든 힘을 쏟았다. 마흔이라는 징검다리의 마지막 디딤돌을 건너던 어느 날, 문득 그림자처럼 물음 하나가 따라왔다.

'뭐지? 내가 진정으로 원하는 삶은? 앞으로 내가 그리려고 하는 건 도대체 무엇이지?'

이성적인 논리로는 해석되지 않는 이상야릇한 외로움과 쓸쓸함을 앞세우며 막 접어든 마흔이 자신의 정체성에 의문을 던졌다. 삶의 무거움이 먹구름처럼 한꺼번에 몰려왔다. 정해진 길로, 시키는 대로, 옆 사람의 눈치를 보며 지내온 마흔이 흔들리고 있었다.

이른바 '마흔 증후군'이 시작된 것이다. 비바람은 심했고 날은 종일 어두침침했다. 습한 기운으로 몸은 한없이 처졌다. 더 답답한 것은 원하는 인생의 그림자 가까이조차 가보지 못할 것 같다는 불안함 때문이었다. 지금껏 다른 누군가를 위해 사는 데 지친 자신의 모습으로는 의문을 풀 수 없다는 거였다. 마흔에 이르러 외로움과 쓸쓸함은 더욱 커졌다. 나오는 건 한숨뿐이었다.

주위를 둘러보니 나만 그런 것이 아니었다. 다들 겉보기엔 제대로 사는 것 같았지만 한 꺼풀만 벗겨보면 답이 없긴 매한가지였다. 마흔에 이르기까지 한 번도 자신을 깊이 들여다보지 않았기에 그들 대부분 역시 '마흔 증후군'에 감염되어 있었다.

"마음의 저 깊은 바닥에서 당신의 부름을 기다리는 당신 자신을 사랑하려고 노력하십시오. 그와 함께 오랫동안 살아보십시오."

시인 릴케가 말한 것처럼 마흔의 위기에서 벗어나게 해줄 수 있는 것은 오로지 자기 자신뿐이다. 삶의 확실한 이정표는 내면의 소리에 귀를 갖다 대는 데서 시작된다. 모든 의문의 실마리는 항상 자신에게 있다. 이제껏 무시했던 마음 깊은 곳에서 울리는 목소리에 귀 기울이고, 뒤로 미루기만 했던 자신의 마음 들여다보기를 시작해야 한다.

그러나 마흔은 다른 이들과 나누는 대화에는 익숙하지만 자신에게 말을 건네는 데에는 왠지 서투르다. 자주 해보지 않아서다. 자신에게 말을 건네는 것은 곧 마음과 대화한다는 건데, 보이지 않고 만질 수도 없는 마음은 늘 맨 뒷전이었다. 항상 눈에 보이는 물질만을 만져왔으니 마음과의 대화가 익숙할 리 없다.

그럼, 마음과 대화를 잘하려면 어떻게 해야 하는가? 생각보다 어렵지 않다. 날마다 하루 10분 정도씩 틈을 내 자신과 만나면 된다.

물론 단 한 번에 원하는 만큼 잘할 순 없다. 책을 읽거나, 걷거나, 운동을 하면서 자신의 마음과 터놓고 얘기하면 된다. 내면 깊은 곳에서 자신을 절절하게 부르는 소리를 맞이하면 되는 것이다. 더는 뒤로 미룰 일도 아니고 미룰 수도 없다.

사실 중요한 것들은 눈으로는 잘 보이지 않는다. 눈으로 볼 수 있는 건 실체를 가리고 있는 껍데기뿐이다. 그 껍데기를 뚫고 들어가야 실체가 온 모습을 드러낸다. 어떤 것을 정확하게 보려면 오로지 마음으로 볼 때만 가능하다. 자신의 마음을 잘 살피고 있어야 하고 늘 대화를 나눠야 하는 이유다.

"요즘 왜 이러는지 모르겠어요. 하지 말아야지 하면서도 결국엔 쏟아버립니다. 대체 마음을 주체할 수가 없으니 더 괴롭습니다. 무엇 때문에 이러고 사는지, 내 모습을 생각하면 서글퍼집니다."

얼마 전 팀의 리더가 된 갓 마흔의 후배는 실적에 쫓기면서 팀원들에게 마구 대하게 됐다고 한다. 그러면서도 자신의 그런 모습이 그렇게 미울 수가 없다고 했다. '이해해야지. 그럴 수도 있지' 하며 참으려고 애쓰지만 막상 상황에 부딪히면 잘 안 된다는 거였다.

리더는 외로운 자리라 그만큼 자괴감에 시달릴 소지가 많다. 그러므로 지금 하고 있는 일이 무엇 때문인지, 어떤 것을 얻기 위함인지를 자신에게 수시로 물어야 한다. 스스로와 대화하면서 자신을 이해시켜야 한다. 그렇게 하지 않으면 뜻대로 할 수 있는 것이 별로 없다.

젊은 시절에는 보이지 않던 많은 것이 마흔이 되면서 눈에 들어온다. 젊음 자체가 무엇보다 소중하다는 것도, 나이가 들수록 흐르는 시간의 속도가 빨라진다는 것도 그중 하나다. 또 살아가야 할 시간은 많지만 준비할 시간은 별로 많지 않다는 것도 알게 된다.

특히 주목할 만한 것은 자신을 깊이 들여다보면 볼수록 자신의 진정한 모습이 또렷하게 드러난다는 사실이다. 껍데기 속의 실체처럼. 진정한 자신을 알게 된다는 것이 삶에서 얼마나 중요한 일인지 모른다. 자신의 모습을 본다는 건 자신의 한계를 안다는 의미이고 자신이 가진 그릇의 크기를 알게 된다는 뜻이다.

삶이 외롭고 쓸쓸한 것은 평생 자신이 채워야 할 분량을 알지 못한다는 무지에서 비롯된다. 자신이 짊어지고 가야 할 짐을 안다면 인생은 물질에서 비물질로, 육체에서 영혼으로, 욕망에서 의미로 물리적 변화가 일어난다. 그럼으로써 성공과 행복이 완전한 조화에 이르게 된다. 즉, 성공하면서도 행복할 수 있다.

실제로도 간혹 그런 이들이 있다. 성공했으면서 행복한 이들 말이다. 대체로 그들은 잘 조화된 내면을 유지하고 있다. 자신을 잘 통제하고, 매사를 즐길 수 있을 정도의 여유를 갖추고 있으며, 유연하며 개방적이라 외로움이나 쓸쓸함과는 거리가 멀다.

자신의 원칙에 철저하면서도 남에게 섣불리 강요하지 않는다. 자신의 원칙을 주장하더라도 상대방이 부담스럽지 않도록 배려하며 누구에게나 친절하다. 겸손하여 자신을 낮출 줄 알고 양보할 줄 안다. 말하자면 자신의 마음을 깊이 들여다보고 자신의 그릇을 보게 되면서 저절로 도통하게 된 것이다.

마흔에 이르기까지 죽을힘을 다했다. 정해진 길이고 세상이 가르쳐준 길이고 남의 이목에 맞춘 길이긴 했지만 모든 것을 걸고 걸어온 길이었다. 다른 어떤 것도 돌아볼 겨를이 없었을 정도로 속도도 빨랐다. 그런 까닭에 자신이 얻은 많은 것에 의문을 품게 되는 '마흔의 증후군'은 더 심각하다.

마흔은 선뜻 뒤로 물러나 앉을 정도로 많은 나이가 아니다. 오히려 더 나은 자리로 옮겨 앉기 위해 뛰어야 하고 은퇴 후의 긴 여정을 준비해야 한다. 그러니 어느 때보다 차분히 자신의 마음을 들여다보며 점검하는 여유가 필요하다.

생각해보면 인생은 결국 혼자 걷는 길 아닌가. 모든 생각을 내려놓고 오롯이 자기 내면의 뜰을 찾아 떠나보자. 마흔에 가장 좋은 친구는 누구도 아닌 바로 자기 자신이다. 단지 밥벌이만을 위해 살고 있다면 진정한 자신을 놓치고 있는 거다. 다른 누구를 위한 삶이 아니라 어떤 누구도 대신할 수 없는 자신만의 삶을 살아야 한다.

마흔이라면 아직 기회는 있다. 날마다 10분씩, 내 마음을 들여다보며 스스로에게 묻자.

'내 마음이 진정으로 원하는 삶은 무엇인가? 무엇 때문에 사는가?'

3장

거울이 아니라
내면을 보며
나를 찾자

마흔,
늙어 보이면 초라해진다

───────── 아침에 일어나니 아내의 눈빛이 심상찮다. 싱크대의 설거지 소리가 평소와 달리 덜거덕거리며 둔탁했다. 무언가 모르게 섭섭한 눈친데 집히는 게 없다. 어지간한 도둑도 3개월이면 금고를 연다는데 20년 가까이 함께 살았으면서도 알 수 없는 것이 여자의 마음이다.

도대체 이유가 뭘까?

마흔은 한창 힘들어질 시기인지라 그 무게로 가장들의 어깨는 절로 처진다. 가정에선 들어가야 할 돈이 점점 불어나 파산할 지경이고, 직장에서는 '월급 값을 하라'며 해야 할 일들이 점차 산더미처럼 쌓인다. 외면할 수 없는 현실의 무게로 몸과 마음이 천근만근 무거워진다. 아무리 쥐어짜도 더는 나올 수 없음을 빤히 아는 마흔들은 스스로를 한탄하며 나약해지고 심약해진다.

거기에다 마흔의 고개에 서면 눈치봐야 할 곳이 한 군데 더 생긴다. 밥벌이 터전에서 수도 없이 먹게 되는 눈칫밥이 이젠 집 식탁에도 버젓이 차려지는 것이다. '뭘 제대로 하는 게 있느냐'는 것이다. 다른 집은 방학 때마다 어디로 어학연수를 보내야 할지 고민한다는데 우리 애들은 학원이라도 보낼 수 있느냐, 남들은 해외여행도 자주 간다는데 신혼여행 이후로 언제 제대로 된 여행 한 번 간 적 있느냐 등이다.

이제는 이런 말에도 그다지 속이 울컥대지 않는다. 욱하는 심정에 괜히 있는 것 없는 것 다 내질렀다간 그 후폭풍을 어떻게 감당하겠느냐는 계산이 감정의 반응보다 더 빨라졌다. 그저 서글퍼질 뿐이다. 묵묵히 눈칫밥 한 그릇을 입으로 쑤셔 넣으면 되는 거다.

이런저런 이유가 더 있겠지만 사십대 때부터 건강에 적신호가 시작되는 건 그리 이상한 일이 아니다. 오히려 더 자연스럽다고나 할까.

"곧 쉰이야. 이 나이에 뭘 더 해볼 수 있겠어? 한다고 달라지는 거나 있겠냐고. 조용히 있다가 나가는 거지, 뭐. 뒷일은 그때 가서 생각해봐야지. 요즘…, 난 내가 아닌 것 같아."

언제부턴가 한직으로 밀려나 이리저리 자리를 옮기며 버티고 있는 직장 동료는 더는 희망이 없다며 지금 내가 꿈꿀 처지냐고 푸념을 내뱉는다. 입사를 하고 빠듯한 살림에 무리해서 집 장만을 하고 아이들을 키우느라 마흔이 되었다. 이제 간신히 자리를 지키다가 시간이 다해 회사 밖으로 나가면 어느새 기름기가 쫙 빠진 채 쭈글쭈글한 삶이 기다리고 있을 게 뻔하다는 것이다. 그곳에 무슨 삶의 무지개가 피어 있겠느냐는 거였다. 그때까지 버티기도 힘든데 희망이 무어고 어디에 숨어 있을지도 모를 꿈을 찾아다닐 여유가 어디 있느냐는 말이었다. 한마디로 배부른 소리 하고 자빠졌다는 항변이었다.

마흔 중반을 치닫는 그는 아직 과장이다. 다른 동료들은 벌써 차장으로 승진했고 부장이 된 이도 있지만 운이 나빠서인지 매번 차장 승진에서 누락되었다. 10년째 노환의 아버지와 함께 살고 있는 그는 이제 지칠 대로 지친 것 같다. 그래서 그런지 휴대폰으로 들려오는 그의 목소리는 새삼 고달파 보였다.

퇴근한 후에도 아내의 목소리는 여전히 가라앉아 있었다. 아이들도 아내를 슬슬 피하는 눈치다. 분명 뭐가 있긴 한데 좀처럼 떠오르지 않는다. 홀로 계시는 장모님께 최근 안부 전화를 못 드린 것 때문인가? 아니면 무언가를 사주기로 약속해놓고서 잊어버린 게 있나? 결혼기념일? 생일? 가족의 유일한 행사인 그걸 내가 모를 리 없다. 아니 감히 잊을 수가 있는가 말이다. 눈칫밥 먹고 있는 마흔이. 그럼 뭐지? 도대체 뭐야!

마흔에 이르면 가장 먼저 탄력을 잃는 것은 몸이 아니라 '꿈'과 '호기심'이다. 이 둘은 당장 직면한 현실의 문제를 해결할 수 없다는 공통점을 가지고 있기 때문이다. 현실은 가깝고 꿈과 호기심은 늘 멀리 있다. 꿈과 호기심이 현실 문제를 해결해줄 거라는 착각에 빠지는 순간 가족은 물론 친구, 동료들에게까지 지탄을 받는다. 체력은 날로 떨어져 생활하기조차 힘든데 그동안에도 꿈과의 거리는 조금도 줄어들지 않는다. 오히려 더욱 벌어지기만 한다.

꿈과 호기심의 탄력성이 떨어지면서 늘어나는 것은 얼굴의 잔주름이요, 새치다. 이러한 몸의 변화는 사고방식마저 바꾼다. 입만 열면 "예전에는…", "젊었을 때는…", "왕년에는…" 하는 말이 자연스럽게 먼저 나온다. 이것은 노화 증세의 시작이다. 군대 시절의 추억을 술안주 삼으면 그건 아직 삼십대에 있다는 거지만, 이마에 주름을 잡으면서 "내가 너만 할 때는 말이야…"라며 젊은 날을 복기하기 시작하면 확실히 삶의 내리막으로 접어들었다는 뜻이다.

그것도 급성 노화로.

꿈과 호기심이 사라지는 순간부터 나이를 먹기 시작하고 삶이 쇠락하고 '회복탄력성'이 급격히 감소하기 때문이다. '회복탄력성'이란 역경을 이기고 다시 원상태로 돌아오는 힘이다. 약한 바람에도 쉬이 떨어지는 생명 다한 잎처럼 작은 시련에도 쉽게 쓰러지고 다시 일어서지 못하는 것은 꿈과 호기심을 잃었다는 증거다. 마흔이 늙어 보이면 초라한 인생이 된다. 그런 까닭에 마흔에 이르러 늙어 보이면 지는 거다.

그러나 마흔은 늙기엔 아직 가야 할 길이 너무 많이 남았다. 아직 채 반도 가지 못했거나 지금 막 반을 지났거나 둘 중 하나다. 물론 여기까지 오느라 있는 힘을 모두 소진했을지 모른다. 아니, 그랬어야 했다. 마흔의 언덕에 오르기가 그리 호락호락했다면 어느 누가 몸을 돌린 채 눈물을 흘리겠는가. 가족 부양이라는 의무감에 짓눌린 채 그토록 아파하겠는가.

삶의 종주는 아직 끝나지 않았다. 지금 막 반을 지났을 뿐이다. 그런데도 늙어 보인다면 꿈과 호기심을 저버리며 삶을 방기한 것이다. 꿈과 호기심을 모른 체하고 외면하고 산다면 평생 가족 부양이란 감옥에서 벗어날 수가 없다. 꿈과 호기심이 유일한 탈주로이기 때문이다.

빠삐용이 평생을 감옥에 갇혀 보낸 이유는 살인죄가 아니었다.

그건 인간이 저지를 수 있는 가장 흉악한 죄인 '인생을 낭비한 죄'
였다.

세상에는 마흔이 지나서 일가를 이룬 이들이 헤아릴 수 없이 많
다. 그 가운데 몇 명을 꼽아보면 다음과 같다.

소설가 알렉스 헤일리(Alex Haley)는 자살의 충동을 극복하고 쉰
여섯에 소설《뿌리》를 완성했다. 그 책은 전 미국인의 가슴을 뒤흔
들었고 세계적인 베스트셀러로 800만 부나 팔렸다. 모건 프리먼
(Morgan Freeman)은 30년간의 무명 배우 시절을 거쳤다. 알코올
중독과 이혼의 아픔을 극복하며 쉰여덟 살이 되어서야 오스카상
을 받았다. 조지 포먼(George Foreman)은 스물여덟에 은퇴하고 목
사가 되어 청소년 지역센터를 설립했다. 그 운영자금을 마련하기
위해 모두가 불가능하다며 만류했던 서른여덟에 재기하여 마흔다
섯 살에 세계 복싱 헤비급 챔피언에 다시 올랐다. 킹 캠프 질레트
(King Camp Gillette)는 스물한 살에 전국을 돌며 철물 세일즈로 사
회 생활을 시작했다. 마흔 살에 일회용 면도기 아이디어를 떠올렸
으며 마흔여덟 살에 질레트 안전면도기를 개발했다. 마거릿 러드
킨(Margaret Rudkin)은 마흔에 천식을 앓는 아들을 위해 집에서 빵
을 만들기 시작해 곧 미국 전역에 지점을 두었다. 그것이 바로 유
기농 제과업체 '페퍼리지 팜'이 되었다. 레이 크록(Ray Kroc)은 밀

크셰이크를 만드는 멀티믹서기를 세일즈하다 쉰세 살에 시카고에 첫 맥도날드 체인점을 개설했다. 테레사 수녀(Mother Teresa)는 열여덟에 로레토수녀회에 들어갔고, 마흔 살에 '자비의 선교'라는 종교 모임을 설립하여 전 세계에 사랑을 전했다.

이들은 모두 마흔이 넘어 일가를 이룬 사람들이다. 많은 사람이 마흔이라는 삶의 무게를 버거워하며 꿈과 호기심을 잃어버린 채 지나고 있을 때, 이들은 시련과 역경을 걷어내며 마흔 이후의 길을 쉼 없이 걸었다. 그래서 그 길 끝에서 성공적인 삶을 만났다.

꿈과 호기심을 잃어버린 사람은 그렇지 않은 사람보다 삶을 훼손할 가능성이 아주 높다는 말은 진실에 가까워 보인다. 스스로 늙었다고 생각하는 이가 어떻게 삶에 생기와 활력을 불어넣겠는가. '사람은 오래 살아서 늙는 것이 아니라 꿈을 잃어버릴 때 늙는다'는 경구가 있는데, 그 의미가 절실히 다가오는 나이가 마흔이다. 마흔은 꿈과 호기심을 잃는 순간 늙는다는 것을, 늙으면 초라해진다는 것을 잘 알고 있는 나이다.

불을 끄고 잠자리에 누웠다. 아내는 돌아누운 채 잠이 들었는지 움직임이 없다. 까만 어둠이 듬성듬성 새치가 핀 머리 위로 뚝, 뚝 내려앉는다. 아직도 모르겠다. 도대체 아내가 왜 그러는지. 밥벌이 전선으로 나가면 금세 잊힐 것들이 신경을 곤두서게 한다.

우리 부부도 늙어가는 것인가? 아니면 아직도 부부 사이에 채우지 못한 것이 남아 있다는 것인가? 만일 그렇다면 그건 축복이 아닌가. 채울 것이 남아 있다는 건 꿈과 호기심이 들어설 공간이 있다는 것이니까. 마흔에 들어선 아내가 오늘 내내 쌀쌀맞았던 게 진정 그 때문일까?

내 마음이 바쁜 것인가,
세상이 바쁜 것인가

———————— 물이 목까지 차올랐다. 천장 구석으로까지 피했지만 겨우 코로 숨 쉴 공간만 남아 있다. 물은 여전히 차오르고 있다. 그대로 있으면 죽음을 맞게 되는 절체절명의 순간, 남자는 여자의 손을 잡고 너른 공간을 찾기 위해 잠영을 결단한다. 다행스럽게 그들은 숨 쉴 공간을 찾았다. 그곳마저 물에 먹히자 다시 숨 쉴 곳을 찾아 헤맨다.

남자 주인공 레오나르도 디카프리오와 여주인공 케이트 윈슬렛이 영화 〈타이타닉〉에서 보여준 극적인 장면의 한 부분이다.

마흔의 삶을 생각하다 불현듯 이 장면이 떠올랐다. 마흔의 일상을 재구성해보면 이 장면과 별다르지 않다는 것을 알게 된다. 두 주인공이 숨 쉴 공간을 찾아 계속 움직이듯 마흔의 삶도 좀 더 나은 밥벌이를 위해 끊임없이 유목 생활을 한다. 누군가는 승진을 하면서 끊임없이 위로 이동하고 누군가는 아예 다른 곳을 찾아 회사를 떠난다. 무성한 목초지를 찾아 게르를 걷고 이동하고 또 집을 짓는, 생존을 위한 이동 생활이다. 말하자면 유목민이다.

마흔은 한창 일할 나이다. 풍부한 경험과 성과로 완숙해지고 절정에 이르면서 이동해야 할 일이 더 많아지는 시기다. 알찬 수확을 준비하는 시기인지라 일에 묻히다 보면 하루가 눈 깜짝할 사이에 지나간다. 숨을 쉴 수 있다는 자체가 어쩌면 기적 같기도 하다. 그렇게 바쁘다. 조금 과장하자면 바쁘기가 생각의 속도와 같다.

"바쁘시지요?"라며 인사하는 나라는 한국밖에 없다고 한다. 우스갯소리로 이십대는 시속 20킬로미터, 삼십대는 30킬로미터, 사십대는 40킬로미터로 시간이 흘러간다고들 한다. 같은 시간이라도 체감이 다르다는 거다. 시간 연구가들이 내린 결론도 마찬가지다. 자동차의 속도로 40킬로미터는 그다지 빠르지 않다. 주위에 무엇이 있는지 세세하게 볼 수 있을 만큼 여유가 있다. 하지만 내가 타고 있는 인생 자동차의 마흔 중반이라는 속도는 정신이 없을 정도로 쏜살같다. 나는 마치 무언가에 쫓기듯이 내빼고 있다.

마흔이면 대체로 중간관리자가 된다. 그들은 흡사 시간을 팔아 밥벌이를 하는 것 같다는 착각이 들 정도로 발걸음이 분주하다. 왜 그렇게 바쁘냐고? 할 일이 많아서이기도 하겠지만 사실 대다수의 직장인은 바쁜 것이 곧 자부심이고 능력이라 생각하기 때문이다. 그게 회사 생활의 기본이고 진정한 가족 부양의 길이 아니겠느냐는 것이다.

그러나 이유는 다른 데 있다. 불안을 잠시 잊으려는 방편인 것이다. 일에 묻힌 채 눈 깜짝할 사이에 지나는 매일은 어느덧 한 달이 되고, 한 달이 다시 한 해가 되면서 마흔을 맞이했다. 과거 지향의 성향을 띠는 마음은 아직 저 아래 젊은 날들에 머무는 데 반해 미래 지향적인 몸은 이미 중년의 문턱을 넘었다. 마음은 뒤처지고 몸은 저만치 앞서 가게 되면서 몸과 마음의 균형이 무너지는데, 불안은 이곳에서 잉태된다. 뒤처진 마음이 불안을 낳는 것이다.

마흔에 들면서 불안해지는 것은 이같이 뒤처진 마음들이 주된 이유다. 이러한 불안은 가만히 있으면 더 커지는 속성이 있다. 시선과 관심을 주지 않으면 불안은 잠시 자리를 비킨다. 마흔이 불안을 회피하는 데는 아무리 둘러봐도 일만 한 것이 없다. 고단함과 시간에 쫓긴다는 부작용이 있지만 불안을 가라앉히는 가장 좋은 방법이다. 그러니 바쁘다는 것은 일로 불안을 밀어내기 위함이라는 말이 더 적확한 표현일 것이다.

"야 말도 마라, 말도 마. 도떼기시장도 아니고 말이야. 온종일 이리 뛰고 저리 뛰어도 퇴근이 아홉 시가 넘는다. 그래도 다음 날이면 할 일이 또 그만큼 쌓여. 이런데 내가 무슨 수로 다른 생각을 하겠어. 인생 2막이니 꿈이니 도전이니…, 그런 거 다 팔자 편한 놈들 얘기지."

주거니 받거니 하면서 취기 오른 동료들이 속사포처럼 쏘아댄다. 이렇게 바쁜데 뭘 할 수 있겠느냐는 거다. 속으론 불안해하면서도 바빠서 어쩔 수 없다는 자기합리화다.

최근 베스트셀러 작가가 된 김난도 교수의 인생 시간 계산법을 빌리면 마흔은 열두 시를 막 지나는 때다. 열두 시면 한창 일할 나이다. 계절로 보더라도 늦여름과 초가을이고 수확을 위해 부지런히 준비해야 하는 시기다. 바빠도 너무 바쁘다.

한편 혹자는 너무 바빠서 해야 할 일을 못 하는 삶이 되어서는 안 된다고 말한다. 일로 성과를 내고 그것으로 지금의 자리를 보전할 순 있겠지만 그게 언제까지 지속될 수 있느냐는 거다. 쉰? 아니면 쉰 중반? 정말 길게 잡아 예순이라 치더라도 평균 수명 100세를 넘보는 시대에 그럼 그 이후에는 어떻게 할 거냐는 말이다.

또 어떤 이들은 누가 몰라서 안 하느냐고 반론한다. 온종일 일에 치이다 파김치가 되어 퇴근하는 게 예사고 주말에는 자고 또 자도 피곤이 풀리지 않는 마당에 어떻게 시간을 마련하라는 것이냐, 하나도 하기 버거운데 거기에다 더 하라고 하니 우리가 무슨 철인인가, 혹 지금의 밥벌이에 소홀하다가 문제가 생기면 나만 쳐다보고 있는 처자식을 어떻게 하라는 것이냐 등등.

마흔의 나이는 정신을 차릴 수 없을 만큼 바쁠 수밖에 없다. 나 자신을 위해 산다면 조금은 쉬면서 땀도 훔치고 여유롭게 흘러가는 구름도 보며 삶을 즐길 수 있을 것이다. 하지만 아들의 대학 등록금을 생각하면 한시도 지체할 수 없다. 남의 기준에 맞추어 사는 삶, 그러니 다른 것을 해볼 틈이 날 리가 없다.

시인 로버트 프로스트는 그를 좋아하는 이들과 함께한 어느 모임에서 질문을 받았다.

"선생님은 시간이 별로 없었을 텐데 어떻게 활용하셨기에 그처럼 위대한 시인이 되셨나요?"

참석한 대부분의 사람이 자신들은 글을 쓸 시간이 부족해서 시인이나 소설가가 되지 못했다고 생각하고 있었다. 그런 그들에게 프로스트는 정말 큰 비밀이라도 털어놓듯 뜸을 들이며 말한다.

"나는 마치 도둑놈처럼 시간을 좀 훔쳤습니다. 식사 시간도 좀 훔쳐오고, 잠자는 시간도 좀 훔쳐오고, 쓸데없이 잡담하는 시간도 좀 훔쳤지요. 그리고 훔쳐온 시간을 단호하게 휘어잡고 시를 썼습니다! 사람들은 자신이 늘 바쁘다고 생각하지만, 필요한 시간은 언제라도 만들어낼 수 있는 겁니다. 저처럼 말이지요."

　연초가 어제 같은데 벌써 연말이라며 한숨을 쉰다. 해놓은 것 없이 또 한 해가 저문다는 한탄이다. 석양의 노을은 아름답지만, 그 아름다움을 생각하며 아쉬움을 달래는 이는 많지 않다. 오히려 노을을 생각하며 살기엔 뭔가 께름칙하다고 느낀다. 노년을 생각하기에 마흔이란 나이는 너무 젊은 탓이다.

　이 젊은 나이를 그냥 흘려보낼 순 없다. 방법을 찾지 못했다면 지금부터라도 찾자. 바쁘다는 핑계는 이제 그만 대자. 벤치마킹하는 거다. 도둑처럼 시간을 훔쳤던 프로스트의 방법을. 들쳐 맨 삶의 자루에서 나도 모르게 솔솔 새나가는 자투리 시간을 모으는 것이다. 그 시간의 밭에다 인생 2막의 싹을 키우면 된다.

　"적어도 마흔에 하지 않은 일은 그 후에도 결코 할 수 없어. 꼭 해야 할 일이 있다면 늦어도 사십대에는 꼭 시작해야 해. 마흔은 확실히 삶의 분기점이거든."

　퇴직해서 금융회사의 부대표로 있는 선배의 말이 예사로이 들리지 않는다. 경영 환경이 급변하고 쫓아가지 못할 정도로 세계가 빠른 속도로 변한다는 말에 솔깃할 필요는 없다. 지금 이 순간에 내가 준비해야 할 것이 무엇인지를 생각한다면 세상의 속도는 인생에 그다지 영향을 주지 못한다.

　인생에서 가장 중요한 때가 언제냐는 물음에 톨스토이는 "지금
이 순간"이라는 명언을 남겼다. 마흔이라면 그보다 앞서 더 절박
하게 자문해야 한다.

　'내 마음이 바쁜 것인가? 세상이 바쁜 것인가?'

비워야 채워진다?
채워야 비워진다

끝이 보이지 않는 초원 위의 갈림길에 서 있다. 하도 여러 갈래여서 어느 길이 지금 찾고 있는 길인지 알 수가 없다. 한 번도 가본 적이 없는 낯선 길이라 정보조차 많지 않아 이리저리 재는 가슴은 타들어 간다. 누군가는 책에서 찾아보고 누군가는 이미 거쳐온 선배들에게 물어본다. 용기 있게 스스로를 믿으며 선택하고 그 길로 나서려는 이들도 있다.

인생 행로에 정답 같은 건 없다. 사람들의 얼굴이 제각각이듯 세상에는 다양한 방법이 존재한다. 그렇지만 어느 길을 택하든 가장 성공적인 방법이라 할 만한 것은 존재한다. 자신이 잘할 수 있는 것으로, 자신만의 스타일로 유유히 걸어가는 것이다. 자신이 처한 상황에서 가장 현명한 길을 선택하고 묵묵히 가는 것이 참된 인생의 길일 것이다. 마흔에 만난 여러 갈림길 위에 서서도 마찬가지다.

나이가 들수록 유연함을 잃어간다. 그래서 마흔 즈음에 이르면 여러 고민으로 생각이 뻣뻣해진다. 자기 생각에 대한 자만과 고집이 생기기 때문이다. 다른 것이 좋은 줄 알면서도 좀체 자신의 주머니에 넣질 못하고, 나쁜 것임에도 이미 받아들인 것을 떼어내는 데 애를 먹는다. 젊은 날에는 스스럼없이 할 수 있었던 소소한 일도 유연성이 따라주지 않아 못 하는 때가 점차 많아진다.

"바꾸긴 바꿔야겠는데 그게 쉽게 되나? 태어나서 지금껏 해오던 건데 어떻게 하루아침에 바꿀 수 있겠어? 담배도 운동도 다 마찬가지잖아."

얼마 전 마흔 초반의 지인에게 '저녁형 인간'에서 '아침형 인간'으로 바꾸는 게 건강에 도움되지 않겠느냐고 한 말에 돌아온 대답이다. 그는 종합건강검진에서 고도비만에다 고지혈증과 고혈압 진단을 받았다고 했다. 아침에 좀 일찍 일어나서 운동도 하고, 늦지 않게 잠자리에 들면 담배도 줄일 수 있지 않겠느냐고 했더니 그는 고개를 절레절레 저었다. 의지보다 포기가 빨랐다. 아직은 고통보다 욕망이 앞지르고 있는 것 같았다.

사무실 후배들에게 가끔 책을 선물하며 "성공적인 삶은 선택이고 습관인데, 독서가 그중 최고의 선택이며 습관이 아니겠느냐"라고 말하곤 한다. 그러면 대체로 앞에서는 고개를 끄덕인다. 하지만 독서를 자신의 생활로 만들어 실행하는 이는 별로 보지 못했다. 아무리 좋은 것이라도 결국에는 습관이 되어야만 내 주머니로 들어오게 되는데 습관 앞에서 무너지는 것이다.

중국의 문학가 루쉰은 "그것은 마치 땅 위의 길과 같은 것이다. 본래 땅 위에는 길이 없었다. 한 사람이 먼저 가고 걸어가는 사람이 많아지면 그것이 곧 길이 되는 것이다"라며 그것을 '희망'이라고 말했다. 현대의 뇌 과학자들 역시 습관을 같은 이치로 설명한다. 새로운 습관을 들이기 위해 기존의 습관을 버리려고 애쓰면 성공하기가 쉽지 않다는 것이다. 때문에 기존의 습관을 버리려고 애쓰기보다는 새로운 습관을 들이는 데 더 노력하는 게 좋다고 말한다. 새로운 길로 계속 다니다 보면 그 길이 뚜렷해지고 넓어지는 반면 옛길은 다니는 횟수가 뜸해지면서 풀로 뒤덮여 가지 않게 된다는 말이다. 결국 기존의 뇌 회로는 쇠퇴하고 새로운 뇌 회로가 강력하게 자리 잡으면서 습관이 몸에 붙는다는 뜻이다.

마흔 무렵이 되면 '바라는 것'과 '하고 싶은 것'들이 뚜렷이 구분

된다. 마흔까지 오는 길에서는 대체로 바라는 것들을 위해 뛰었다. 사원 때는 대리가 되고 싶어 선배들의 눈치를 보느라 바빴고, 대리가 되니 언제 그랬냐는 듯이 간부로 승진하길 바랐고, 그리고 또 어딘가로 끝없이 내달렸다.

그런 날들이 엎치락뒤치락 이어지며 숨 가쁘던 어느 날, 주위를 보니 마흔의 벌판에 외롭게 서 있다. 그런 자신의 모습을 보며 스스로 놀란다. 바라는 것들을 이루기 위해 뛰고 또 뛰었지만 도착한 그곳에는 아무것도 없고 원색의 외로움과 쓸쓸함만이 버티고 있음을 알게 된다.

"요즘은 뭣 때문에 사나 하는 생각이 듭니다. 일어나면 출근하고 퇴근하면 이불 위로 쓰러지기 바빠요. 주말에조차 피곤이 안 풀려 자고 또 자는 나를 보면 화가 납니다. 숨이 막혀요. 이젠 뭘 좀 찾아봐야겠습니다. 나 자신을 위한 뭔가를 말입니다."

막 마흔에 이른 후배는 그가 그토록 바라는 것에는 화를 돋우는 자신의 모습밖에 들어 있지 않다며 쓸쓸해했다.

사람은 보통 하루에 5만 가지 정도의 생각을 하는데 그중 95퍼센트가 매일 비슷한 것이라고 한다. 대부분 어제와 다를 바 없는 생각을 반복하며 산다는 것이다. 이것은 감옥이나 다름없다. 타성에 젖은 생활의 반복이 보이지 않는 창살을 만든 것이다. 그러한 반복은 이제 마흔의 숨통을 조인다. 부양의 의무보다 더한 무게로 숨통을 누른다. 숨을 쉬어도 숨통이 트이지 않고 뛰고 또 뛰어도 답답하기만 하다.

　이것이 마흔이 되면 투쟁하듯이 새로운 것들에 발을 들여놓는 이유다. 누군가는 붓글씨와 요리를 배우겠다며 수강신청을 하고 또 누군가는 몇 개월 치의 월차를 모아 해외로 배낭여행을 떠난다. 자연 속에서 살아야 한다며 자연휴양림을 찾아 나서는가 하면 오랜 꿈이었던 도자기를 만들어보겠다며 산골 가마터에서 수도승처럼 사는 이도 있다. 가까운 한 친구는 흙집 짓는 것을 배우느라 한동안 주말을 강원도에서 보내기도 했다.

　바라는 것들의 실체를 어렴풋이 알게 되면 하고 싶은 것들이 눈앞에서 아지랑이처럼 아른거린다. 이를테면 바라는 것들이 '페이드아웃' 되고 하고 싶은 것들이 '페이드인' 되는 거다. 자신이 만족하는 자신만의 방식으로 삶의 지도를 해석하기 시작하는 것이다.

　사실 마흔이라면 어느 것을 선택하든 이후에 얼마나 꾸준하게 그 길을 가는가가 더 중요하다. 말하자면 습관이 되었는지 그렇지 않은지가 마흔의 삶을 가른다. 앞에서도 말했지만 습관 들이기는 기존의 것을 비운 후에 채우는 것이 아니다. 새로운 것을 채움으로써 기존의 나쁜 습관이 자연스레 사라지는 특성을 활용해야 성공할 가능성이 높다.

난 오늘도 이 글을 쓰느라 늦은 밤을 소비하고 있다. 밖은 쌀쌀한 바람이 어둠을 몰고 왔다. 계획대로라면 이제 막 책의 3분의 1 분량을 지나고 있다. 생각만 하던 책 쓰기를 차근차근 실천하고 있는 것이다.

본래 땅 위에는 길이 없었듯이 내 삶에도 책 쓰기는 없었다. 한 사람이 먼저 가고 걸어가는 사람이 많아지면 그것이 곧 길이 되듯이 어느 날 쓰고, 또 쓰고, 쓰는 날이 점차 많아지면서 새로운 습관이 생겼다. 이제 길은 이전보다 훨씬 넓어졌다. 내가 진정으로 원하고 하고 싶은 것이기에 밤을 새워도 힘들지 않다. 지금보다 더 나은 인생 2막을 열 수 있는 가장 성공적인 방법을 발견했고, 그것을 선택했다. 나는 내 선택을 믿는다.

그래서 아내와 아이들이 잠든 늦은 밤에 외롭게 모니터를 응시하며 키보드를 두드리고 있지만 가슴은 뛰고 설렌다. 더없이 행복하다.

때로 인생의 브레이크가
필요하다

───────── 파란 하늘엔 하얀 솜털구름이 드문드문 떠가고 탁 트인 정상에 억새가 은빛 물결을 이루고 있다. 상쾌한 바람이 머리칼을 어루만지고 산 아래 저 멀리로는 한적한 가을 들판이 보인다. 머릿돌에 기대 땀을 닦으며 일행 중 누군가가 외친다.

"그래 이거야. 사는 덴 이런 맛이 있어야 해. 이젠 자주 나오자고."

마흔이 되어서야 자주 하게 되는 산행은 많은 의미로 다가온다.

처음엔 좀 알려진 곳을 행선지로 정하거나 가까운 지인들이 추천해주는 곳으로 가지만 점차 경험이 쌓일수록 경치는 좋은데 잘 알려지지 않은 곳을 찾아 오른다. 그러고는 뭔가 모를 뿌듯함을 느낀다. 가고자 하는 곳을 잘 선택했다는 만족감과 남이 밟지 않은 땅을 내가 밟고 있다는 야릇한 정복감이다. 그런데 그토록 애써 오른 정상이지만 그곳에서 머물 수 있는 시간은 그리 길지 않다. 산 아래에서 기대했던 대단한 뭔가가 있지도 않고, 정복의 기쁨만 마냥 누리고 있을 수도 없다.

정상에 이르러 오른 길을 되돌아보니 마흔은 그냥 되지 않았다. 지금도 매한가지지만 포기와 버티기 사이에 난 흐릿한 경계선을 수도 없이 넘나들면서 도착했다. 늘 위태로웠고 한 번도 멈추지 못했다. 페달을 놓는 순간 달리던 자전거는 넘어질 수밖에 없다는 것을 알고 있었기에 달리고 또 달렸다. 언제까지 내 것일지 알 수 없는 자리를 붙잡은 채 더듬이를 세우며 지나온 그 길은 긴장과 외로움 자체였다.

가끔 잘했다고 등을 두드리며 더 높은 자리를 내주는 때도 있었다. 그렇지만 그 자리는 안락하지 않았고 더 많은 책임이 기다리고 있었다. 더 일찍 일어나고 더 늦게 잠들어야 했다. 끝날 기미라곤 눈곱만큼도 보이지 않는, 아스라하게 이어진 길. 그럼에도 통장 잔고는 늘 그대로였다. 들어온 만큼 나가는 것도 많아진 것이다. 결혼 초기엔 주택담보대출을 갚는 게 전부인 줄 알았는데, 그게 끝날 무렵 아이 밑으로 또 구멍이 뚫렸다. 통장의 잔고는 해마다 두 배씩 뚫린 그곳으로 새나갔다.

"도대체 나더러 어쩌란 말인가? 왜 날이 가도 나아지지 않고 힘겨워만 지는가?"

연기 자욱한 소줏집에서 잔을 기울이며 푸념을 내뱉어보기도 했다. 그러나 돌아오는 건 위로는커녕 가까운 이들도 모두 경쟁 속에서 지치기는 마찬가지라는 사실이었다.

승자가 되면 또 다른 승리를 쟁취하기 위해 아등바등했다. 경쟁이 경쟁을 부르는 피 튀기는 경쟁의 족쇄에 삶의 고리들을 몽땅 걸었다. 이젠 도저히 빠져나올 수 없을 것 같은 밥벌이의 삶에 온몸이 멍들었다. 그럼에도 미래는 여전히 불안했다. 마흔, 그렇게 지금의 정상에 올랐다.

"어디 경치 좋은 곳 없나?"

"그래, 빨리 찾아봐. 자리 깔고 점심 먹자고. 다 먹고살자고 하는 짓 아니겠어?"

한 무리가 시끌벅적하게 올라오더니 주고받는 소리가 들렸다. 보아하니 다들 마흔 중반은 넘어 보였다. '먹자고 하는 짓'은 안타깝게도 산 정상까지 따라왔다.

삶은 스스로 그리는 한 폭의 그림이다. 하지만 죽도록 일만 하다가 늙어버리는 그림은 그리고 싶지 않다. 어디를 가나 '먹자고 하는 짓'이 따라다니는 삶을 그려서는 안 된다. 그건 도리어 비켜 서야 할 인생이다.

더욱이 "인생에서 행복했던 시간은 단지 열네 시간이었을 뿐"이라고 한 괴테의 말이나 "내 생애 행복했던 날은 6일밖에 없었다"며 한탄한 나폴레옹의 견해에도 동의하고 싶지는 않다. 어디까지나 우리는 행복을 위해 사는 것이 아닌가?

"정상에 오르느라 애썼으니 좀 쉬어야겠다. 이제껏 앞만 보고 달렸으니 옆도 뒤도 하늘도 봐야겠다. 부양의 의무에 충실하느라 고생한 나에게도 뭐 좀 해줘야 해"라며 내면에서 소곤대는 소리를 외면하지 말아야 한다. 찬찬히 주위도 둘러보며 자신에게도 휴식을 선사해야 한다.

마흔이 되면 자신만의 뜰을 가질 필요가 있다. 그 뜰에는 경쟁과 외로움, 밥벌이와 긴장이 아니라 삶에 숨통을 열어주는 것들을 키우고 가꾸어야 한다. 곰팡내 나는 고방에 밝은 햇살이 비추어 들듯 지친 삶에 따사로운 숨결이 닿아야 한다. 어쩌면 삶은 1막보다 2막이 더 중요할 수 있기 때문이다.

방법은 간단하다. 여유를 부려보는 것이다. 노래를 좋아하면 노래를 부르고, 여행을 좋아하면 가볍게 배낭 꾸려 훌쩍 떠나고, 자연을 좋아하면 산과 바다로 가는 거다. 그냥 하고 싶은 것을 하다 보면 여유가 생기고, 뜰에는 저절로 생기가 돌 것이다.

봉사활동에 참여하는 것도 한 방법이다. 나보다 못한 이들을 만나 비교하면서 어깨를 으쭐거리거나 우월감을 채우라는 게 아니다. 내가 가진 것이 얼마나 풍족한지 또 그것이 얼마나 감사한 일인지 생생하게 자각하는 기회를 접하라는 얘기다. 세상에는 얼마나 다양한 가치들이 존재하는지를 새삼 경험하게 될 것이다. 저마다의 꿈을 담고 살아가는 사람들을 보면서 내가 진정으로 추구하는 것이 무엇인지도 새삼 떠올릴 수 있다. 그것만으로도 뜰은 풍족해지고, 마흔의 나는 살아갈 힘을 얻게 된다.

수년 전에 직원들과 청도를 드나들며 분교의 아이들과 함께한 적이 있는데, 그때의 추억은 지금도 삶의 활력소로 작용한다. 전교생이 열여섯 명이던 분교를 한 달에 한 번은 찾아가 한적한 운동장을 시끌벅적하게 했다. 방학에는 집으로 초대해 함께 먹고 자고 즐겁게 시내 나들이도 했으며 아이들의 집을 찾아가 농사일을 도왔다(여러 이유로 대부분 아이가 할아버지나 할머니 손에 크고 있었고 그래서 아이들의 집은 늘 일손이 부족했다). 안개비가 촉촉히 내리던 식목일에는 운동장 곳곳에 주목과 회양목을 심고 잘 자라기를 아이들과 두 손 모아 기도하기도 했다.

무리의 소란스러운 소리가 산 아래로 사라지고 해가 설핏해지면서 우리 일행도 하산 길로 들어섰다. 어둑해진 숲도 박새들의 부산한 소리를 비질 삼아 하루를 갈무리하고 있다. 어깨를 짓누르던 배낭은 가벼워질 대로 가벼워졌다. 싸들고 간 것들을 정상에서 모두 비웠기 때문이기도 할 테지만 늘 무겁게 따라붙던 생각들을 덜어낸 때문일 터다.

물론 내일이면 언제 그랬냐며 밀쳐놓은 생각들이 그 빈 자리를 다시 찾아들 것이다. 갚아야 할 대출금과 치솟은 교육비 그리고 지난달보다 처진 실적으로 마흔의 가슴은 또 답답해질 것이다. 그럼에도 마흔은 자신의 뜰을 가꾸는 데 소홀하지 말아야 한다.

뚫린 구멍으로 새나가는 통장 잔고처럼 계속 잃기만 한다는 허전함과 많은 것이 내 곁에서 멀어진다는 아쉬움이 마흔에게 쉽게 찾아오는 감정들이다. 가족을 위해 가장으로서 헌신하는 것은 어쩌면 가장 숭고한 숙명일지도 모른다. 하지만 마흔의 삶이 줄곧 희생으로만 채워져서는 안 될 일이다. 남편과 아버지로서가 아니라 자신의 삶도 살 수 있어야 한다. 때로 인생에도 브레이크가 필요하다.

마흔에 들어 황혼을 생각해본다. 황혼이 되면 후회되고 가슴 아픈 일이 한둘이겠는가마는 그래도 절대 듣고 싶지 않은 말이 있

다. 다른 건 몰라도 뼈를 묻을 각오로 부양해온 내 가족에게는 절
대 듣고 싶지 않은 말.

"누가 그렇게 살라고 그랬어요?"

내 운명의 주인,
내 영혼의 선장이 되려면

구절양장 굽잇길을 걷는 사내들이 있다. 어깨에는 모두 하나같이 큰 보퉁이를 짊어졌다. 혼자서 짊어지기에는 너무 크다. 사내들은 힐끗힐끗 옆 사람을 훔쳐보며 오르고 있는데, 몹시 힘겨워 보인다. 훔쳐보는 눈빛들이 예사롭지 않다. 그러나 결코 뒤처져서는 안 된다는 듯, 반드시 앞서고야 말겠다는 듯 결연한 걸음이다.

앞서거니 뒤서거니 걷지만 고갯마루를 넘자면 중천에 걸린 하루 해로는 턱도 없겠다. 그들이 가는 곳이 어딘지는 알 수 없지만 이 고개를 넘는다 하더라도 그 뒤로 겹겹이 산이니 고생길은 훤해 보인다. 도무지 끝날 기미라고는 보이지 않는 끝없이 이어진 능선들. 그들이 과연 물결처럼 이어진 저 능선들을 모두 넘을 수 있을까. 누가 봐도 염려가 앞서는 길이다. 그렇지만 이 사실을 아는지 모르는지 발끝을 보며 곁눈질을 하며 그들은 종종걸음으로 바쁘기만 하다.

  이 시대 마흔들이 걷는 길이다. 남편과 부모로서 해야 할 의무를 짊어진 채 혹여 남에게 뒤질세라 온몸이 땀으로 흠뻑 젖도록 고갯길을 걷고 있다. 힐끗힐끗 옆을 훔쳐보며 걷는 것은 가장으로서 본능에 가까운 몸짓이다. 자신이 어떻게 하느냐보다 남이 자신을 어떻게 볼까에 더 신경을 쓰며 걷는다. 경쟁과 불안이 생활 전반에 스며들었기 때문이다.

  남들을 쳐다보면서 걸음의 속도를 조정하며 걷는 길은 늘 힘들고 쉽게 지친다. 남들은 잘도 앞서 가는데 나만 뒤처졌다는 느낌이 들면서부터 자신의 존재조차 어디론가 사라져버린다. 그 자리는 누군가의 아버지, 어떤 직위로 불리는 다른 자신이 메운다. 때문에 기대하는 자신과 실제의 자신은 늘 조화롭지 못하다. 한 번 어그러지기 시작하면, 그 부조화의 틈은 세월이 갈수록 점차 벌어지기만 한다.

  그 부조화는 결국 자존감의 훼손과 자기 확신의 결여를 부른다.

무슨 일에도 뭉그적거리며 결정을 미루거나 반대로 일방적이고 완강한 자기 주장, 독선으로 이어진다. 그리고 이는 다른 사람들과 불화하는 원인이 된다. 그 때문에 마흔의 마음은 평정이나 즐거움과는 거리가 멀어지며 불안과 고립감, 외로움에 휩싸이게 된다. 그렇지 않아도 걷기 힘든 마당에 불안과 고립감, 외로움마저 수시로 마음을 헤집으니 늘 힘에 부치고 쓸쓸해지는 것이다.

그래서 마흔에는 잠깐 멈추고 자신을 돌아보는 시간을 가져야 한다. 결코 걸음을 멈출 수 없는 것이 마흔이기는 하지만 잠깐이라도 숨을 고르는 '다리쉼'이 필요하다.

"나의 가치는 다른 사람에 의해 검증될 수 없다. 내가 소중한 이유는 내가 그렇다고 믿기 때문이다. 다른 사람으로부터 나의 가치를 구하려 든다면 그것은 다른 사람의 가치일 뿐이다."

웨인 다이어(Wayne Walter Dyer)의 이 말은 남의 얘기로 들리지 않는다. 자신을 소중하게 생각하지 않는 사람이 남을 귀하게 여길 순 없을 것이다. 자신이 행복하지 않은데 남을 행복하게 해줄 리 만무하지 않은가. 자신을 사랑하지 않는 사람이 어떻게 타인을, 사회를, 지구를 사랑할 수 있으랴. 나의 가치가 남의 잣대로 재단되어서는 안 된다. 열심히 일하는 건 순전히 가족을 부양하기 위해서, 늙어 죽을 때까지 다 써도 남을 만큼 재산을 모으기 위해서가 아니다. 스스로 행복하기 위해서다.

　마흔이라면 자신의 가치를 스스로 판단하는 것에서부터 다시 시작하는 것이 중요하다. 나를 사랑하면 된다는 말이다. 그것이 부조화의 자신이든 불안과 고립감, 외로움에 휩싸인 마흔이든, 사랑이면 다 된다.

　우선 지금의 삶을 즐기는 거다. 행복은 '어딘가에 있을 거야'라며 찾아 헤맬 대상이 아니라 잡을 수 없는 감정이고 느낌이다. 순간순간 느끼는 작은 감정들이 모여 행복감을 가지게 한다. 감정과 느낌은 어제나 내일의 일이 아니라 지금 이 순간의 일이다.

　'신입사원 땐 참 행복했었지. 퇴직해서 내가 하고 싶은 일을 하고 살면 행복하겠지' 하며 과거와 미래의 행복을 떠올려봐도, 지금 행복하지 않으면 행복은 없는 것이다.

　직장인이라면 밥벌이의 삶을, 사업가라면 사업가의 삶을 즐겨야 한다. 즐기는 데서 기쁨이 찾아오고 활력과 충만이 넘친다. 물이 넘치면 낮은 곳으로 흐르듯 부족한 곳으로 시선이 돌아갈 테고 그곳에서 자애심과 자비심이 소복소복 쌓일 것이다.

　다음은 긍정적이고 유쾌한 생각으로 채우는 거다. 사람은 감정의 동물이기에 늘 감정의 파도에 휩쓸리게 된다. 특히 마흔 무렵에는 작은 일에도 쉽게 풍랑이 인다. 우울, 불안, 초조, 긴장, 분노,

고립감, 외로움, 불행한 느낌과 같은 것들이 수시로 솟아오른다. 이러한 감정은 종종 자학을 동반하기 때문에 마흔 이후에는 매우 위험하다.

마흔이 힘든 것은 어쩌면 체력 문제라기보다는 감정의 문제일지 모른다. 긍정적이고 유쾌한 감정으로 가득 채운다면, 자신을 좀먹는 부정적인 감정들이 불쑥불쑥 고개를 내밀진 못할 것이다. 좋은 감정이든 나쁜 감정이든 없앨 수는 없다. 다만 좋은 감정 쪽의 풍랑에 자신을 띄울 수는 있으니, 그렇게 하자는 얘기다.

마지막으로 마흔에는 온전히 나를 위해 살아야 한다. 즉, 자신이 좋아하는 것을 해야 한다. 아무리 의무가 중요하다 할지라도 신산한 밥벌이의 삶이 전부여서는 곤란하다. 그것이 행복을 담보하지는 않기 때문이다. 계속 얘기하지만, 내가 열심히 일하는 건 결국 행복하기 위함이다. 행복을 자신이 좋아하지 않는 일에서 얻는다는 것은 쑥대밭에서 왕대를 기대하는 만큼이나 힘들다. 마흔에 이르러서조차 얼마간의 돈과 명예와 안락함 때문에 좋아하는 것을 외면하고 산다면 쓸모없는 잡초가 가슴밭을 전부 차지해버릴지 모른다.

자신이 좋아하는 일을 찾아야 한다. 유년 시절에 좋아했던 것도 좋고, 정말 하고 싶었지만 할 수 없었던 일도 좋다. 어쨌든 시작은 했지만 끝까지 하지 못한 일이라면 분명 좋아하는 것 중 하나일 가능성이 높다. 좋아하는 것에서 삶의 가치는 더 빛난다. 어차피 내 인생의 키는 내가 쥐어야 하니까. 그것이 지금보다 더 행복해지고 자신을 더 사랑하는 길이 될 테니까.

 이 땅의 마흔들은 끝도 없는 길을 걷는 나그네와 같다. 쉴 새 없이 걸었지만 아직도 가야 할 길이 멀고 멀다. 나도 할 만큼 했다며 수도 없이 되뇌었지만 어디 편안하게 다가오는 때가 한 번이라도 있었던가. 남의 이목만 바라보면서 남의 삶을 사느라 늘 바빴고 지치기만 했을 뿐이다.

 이젠 잠깐 멈출 시점이 되었다. 자신의 삶을 살아야 한다. 이대로 가다간 자신의 걸음이 생각지도 못한 곳으로 향할지도 모른다. 길에서 사라진 자신을 찾아야 할 때다. 외롭고 지친 자신을 보듬어 주고 사랑해야 할 때다. 왜냐하면 윌리엄 헨리가 말했듯 "나는 내 운명의 주인이요 내 영혼의 선장"이기 때문이다.

나를 감싸고 있는 밤은

온통 칠흑 같은 어둠

나는 어떤 신들에게든

내 불굴의 영혼에 감사하노라.

환경의 잔인한 손아귀에 붙잡혀도

난 움츠리거나 울지 않았노라.

운명의 매질에 내몰려도

내 머리 피 흘리지만, 굴하지 않았노라.

분노와 눈물의 이승 저 너머엔

유령의 공포만이 섬뜩하게 떠오른다.

허나 세월의 위협은 지금도 앞으로도

내 두려워하는 모습 보지 못하리라.

상관치 않으리라, 천국의 문이 아무리 좁고

저승에는 온갖 형벌이 가득해도

나는 내 운명의 주인이요

내 영혼의 선장이나니.

— 윌리엄 헨리(William Henry), 〈굴하지 않으리(Invictus)〉

나는 무엇을 할 때
가장 행복한가

"벌모레면 나도 오십줄인데 뭐든 준비해야지. 앞으로 얼마나 더 다닐 수 있겠어. 내가 계속 다니고 싶다고 해서 그럴 수 있는 게 아니잖아."

가끔 만나는 선배들에게 요즘 어떠냐고 물으면 열에 아홉이 하는 말이다. 가만히 생각해보면 나 또한 후배에게 같은 질문을 받았을 때 딱히 다른 답을 할 수 있을 것 같지 않다. 마흔이 넘어서면 대체로 육체는 피로에 휩싸이고 지칠 줄 모르던 열정은 점차 식기 시작한다.

그동안 주위를 돌아볼 겨를도 없이 앞만 보고 달려오느라 느끼지 못했을 뿐이지 이미 몸과 마음은 탈진 상태가 되었다. 아무도 없는 이른 시각에 사무실에 들어서서는 온종일 에너지를 소진하며 일에 파묻혀 보내다 밤늦게 귀가한 날들이 얼마나 많았는가.

내가 왜 이러고 사는지, 가려고 하는 곳은 어디인지를 묻지도 못한 채 당장의 짐을 지고 옮기는 데도 시간은 모자라기만 했다. 그러다 불현듯 '중간관리자'라는 노란 완장을 차고 마흔의 언덕에 서 있는 자신을 발견한다.

그때까지는 완장만 차면 다 보장되는 줄 알았다. 흐려진 안갯속을 달리면서도 쓰러지지 않고 내내 버틴 것은 그 때문이었다. 아내의 불만 섞인 눈빛과 언제 제대로 놀아준 적 있었느냐고 투덜대는 아이 얼굴을 외면하며 쾌히 주말을 반납한 것도 마찬가지 이유였다.

IMF 대란이 있던 그해 초겨울, 막 오십줄에 들어선 많은 선배가 정리해고의 쓰나미에 휩쓸려 조직의 울타리 밖으로 사라졌다. 그들은 꽉 닫힌 상사의 방에서 '어떠한 이의도 제기할 수 없다'는 확인서에 그저 서명을 휘갈겨야 했다. 그들 중 누구도 저항 한 번 제대로 해보지 못했다.

그들이 떠난 곳에는 허전함과 분노가 고였다. '조직이 원하기만 하면 가정도 팽개치고 물불 안 가리며 뛰었는데, 어찌 그들을?' 이라는 일종의 배신감이었다. 그것은 생각보다 고통스러웠고, 상처는 오래갔다. 딱지가 앉고 피를 삭히는 가려움이 극심할 즈음이 되어서야 두려움이라는 깊은 상흔을 남긴 채 아물었다.

그리고 '명퇴', '희망퇴직'으로 이름표만 바꿔 단 괴물은 해마다 찾아와 아픈 기억이 선연한 상흔을 건드렸다. 자릿세를 뜯어내려고 흘깃거리는 폭력배와 다름없었다. 모두들 괴물에게 삼킬지도 모른다는 두려움에 치를 떨었다. 극악무도한 괴물이 찾아들기 전까지만 해도 회사 생활은 평온했고 인생은 고비 없는 단막극이었다. 큰 성과를 발휘하지 않더라도 큰 실수만 없다면 무난히 정년퇴직을 할 수 있었다. 그래서 적은 돈이나마 퇴직금으로 행복한 노후를 꿈꾸며 막을 내릴 수 있었다.

그러나 이제는 뭔가 특단의 조치를 해야 한다. 당할 수만은 없다는 결연한 작심이 필요하다. 회사가 내어준 완장은 결코 방패막이가 되지 못한다는 것을 깨닫게 된 것이다. 내가 올라 서 있었던 것은 튼튼한 나무가 아니라 썩은 나뭇가지였다. 이제껏 자신을 지탱해주던 버팀목에 심대한 문제가 생긴 것이다. 긴 생각을 할 필요도 없이 내린 결론은 간단했다. 인생을 단막이 아니라 2막으로 재정의하는 것이다.

마흔에 이르기까지 얻은 거라곤 달랑 밥벌이 기술 하나뿐이고 거기 매달려 죽도록 일해왔는데, 1막을 전부로 여기다가 울타리 밖으로 내동댕이쳐진다면 너무나 억울하지 않겠는가? 회사에서 쫓겨나기 전에 내 발로 회사 문을 나서 2막을 시작하는 것이 현명한 처세가 아니겠는가?

물론 1막이 끝난다고 곧바로 2막을 올릴 수는 없는 노릇이다. 그러니 한 살이라도 더 젊을 때, 동료들보다 조금이라도 더 인정받고 있을 때 2막을 준비해야 한다. 그런데 그게 어디 말처럼 쉬운 것이던가.

퇴직하고 아직 밥벌이 터전에 숟가락을 얹지 못한 선배가 있다. 2막을 준비해보려고 발버둥치며 하소연을 하는데 내 귀에 예사소리로 들리지 않는다.

"뭐 좋은 아이템 없냐? 아무리 눈 씻고 찾아봐도 안 보인다. 내가 잘하는 게 있어야지 원. 공인중개사 시험 준비를 하고 있긴 한데 이걸 준비라고 할 순 없잖아. 이곳저곳 기웃거려봐도 도대체 뭘 해야 할지, 어떻게 해야 할지 정말 모르겠어. 그동안 난 뭘 했는지 몰라. 서글퍼서 짜증이 다 난다!"

'이기는 자가 아니라 끝까지 살아남는 자가 강자'라는 말은 진부하다. 너무나 시시껄렁해서 생선 썩는 냄새가 난다. 그러나 적어도 마흔 무렵이라면 그리고 마흔에 들어섰다면, 이 문장을 곱씹게 될 것이다. 이보다 훌륭한 경구는 없다는 것에 고개를 끄덕이며 맞장구를 치게 될 것이다. '끝까지 살아남는'이라는 말이 주는 격렬한 느낌이 마흔의 처지와 너무나 흡사하기 때문이다. 왠지 치열한 싸움터에 내동댕이쳐져 홀로 고군분투하고 있는 것 같아 안쓰럽기 그지없다. 끝까지 살아남아야 하기 때문에 마흔의 가장은 오늘도 처절하게 싸울 수밖에 없다.

마흔은 포기하기에는 너무 이른 나이다. 오히려 열정적으로 살아가야 할 나이다. 지금 하는 일이 길어야 10년이라는 생각은 현실적으로 이해가 된다. 그러나 1막에서 내려올 준비를 해야 하지 않겠느냐는 생각에는 표를 보태고 싶지 않다. 적어도 쓰러져 눕기 전에는 거기서 끝까지 버텨야 하고 내려오지 말아야 하기 때문이다.

그렇다면 무엇으로 버틸 것인가? 그건 자신이 가장 잘할 수 있는 걸로 버텨야 한다. 온몸 구석구석을 뒤져 자신이 가진 강점을 찾아 그것으로 버티는 것이다. 정말 자신 있는 일, 정말 잘할 수 있는 일의 핵심 능력을 확대하여 1막의 버팀목이 되게 해야 한다. 그런 후에 그것이 자연스레 2막을 여는 열쇠가 되도록 하는 것이다.

살면서 한 번도 못 해본다면 억울할 것 같다는 이유로 그 일을 2막의 주제로 삼는 것은 위험하다. 소재 정도로는 괜찮겠지만 2막을 관류하는 주제가 되어서는 곤란하다. 내 강점을 활용해서 잘할 수 있는 것이어야 한다. 잘할 수 없는 것에서 열정이 솟구칠 리 없고, 열정이 사그라진 마음밭에서 행복이 우후죽순처럼 자랄 리 없다. 그럴 거라고 기대하는 것 자체가 매우 어리석은 생각이다.

그런 까닭에 2막은 이런 질문에서 출발해야 한다.

'나는 무엇을 할 때 가장 행복한가?'

'내가 잘하는 것은 무엇인가?'

회사 다닐 때 사내 강사가 되어 늘 강의를 도맡아 하던 친구는 2막에 오르자마자 사무실을 내고 책을 집필했다. 그러더니 어느새 유명 강사가 되어 무대를 왕성하게 누비고 있다.

"회사 다닐 때는 아침에 일어나기 싫어서 법석을 떨었지만 요즘은 새벽에도 눈이 저절로 떠져. 회사를 나올 땐 잘할 수 있을지 정말 고민됐는데 막상 시작하니 길이 보이더라고. 요즘 난 행복해. 어지간하면 너도 회사 나와. 너무 겁먹지 말고."

무심하게 몇 마디 하는데도 자신감이 묻어난다.

또 한 친구는 영업의 귀재라는 소리를 듣더니 마흔이 되자마자 회사를 관두고 에이전시를 차렸다. 3년이 지나자 그의 에이전시는 두 개의 분점으로 나뉘었다.

"회사 때의 실적 절반만 해도 충분히 남는 장사지. 내 사업을 하니 얼마나 재밌는지 몰라. 돈 버는 재미, 월급쟁이들은 알 수 없을 거야."

무엇보다 자유롭다고 했다. 자유만큼 책임은 더 요구되지만 잘할 수 있는 것이고 잘할 수 있기에 하루하루가 신이 난다고 했다.

행복은 주어지는 것이 아니라 선택하는 것이다. 좋아하는 일을 선택해서 하게 되면 마음이 즐겁고 행복한 상태가 된다. 좋아하는 것은 잘하는 것에서 비롯된다. 잘하는 것을 오래 하다 보면 어느새 좋아하고 있는 자신을 발견하게 된다. 잘하면 좋아하게 되고 좋아하면 반복하게 된다. 그리고 반복하다 보면 어느새 몸에 습관으로 밴다. 그러는 사이 인생 2막은 1막보다 훨씬 눈부실 테고 삶의 행복은 눈덩이처럼 커질 것이다.

내 인생의
No.1 프로젝트

───────── 일을 좀 알기 시작하던 사원 시절, 부사수였던 2년 후배가 있었다. 주 업무인 교육 진행도 썩 잘했지만 회사 내에서 이뤄지는 각종 행사를 차고 나가는 데 뛰어난 재주를 보였다. 직원들과의 관계도 좋아 부서에서 귀여움을 독차지하던 후배였다. 말하자면 떡잎부터 남다른 재목이었다.

명색이 사수였고 선배였지만 내놓을 만한 게 별로 없던 나는 어느 순간부터 후배에게 얹혀사는 격이 돼버렸다. 그의 옆에 있으면 야릇한 열등감이 솟는 걸 피할 수 없었다. 그러면서도 그와 함께 있으면 언제나 에너지가 차오르는 것이 느껴졌고 배울 점 또한 많왔다. 실로 그의 능력은 출중했다.

그런 후배가 어느 날 부서 회식 자리에서 폭탄을 던지듯 회사를 떠나겠다며 침을 튀겼다. 모두 당황하며 경솔한 짓 해서는 안 된다고 극구 말렸다. 그렇지만 숙취가 채 해소되지도 않은 다음 날, 해프닝쯤으로 여기던 직원들 사이를 지나 정말로 사표를 내밀고 떠났다.

"아무리 생각해봐도 이 길이 아닌 것 같아요, 선배. 지금 하는 일도 나쁘진 않은데 가슴이 뛰질 않아요. 일을 배울 때는 뭔가 있을 것 같은 기대감 때문에 열정이 생기다가도 조금 알 만하면 언제 그랬냐는 듯 시들어버려요. 회사 일 중에서도 행사를 뛰며 사회를 볼 때는 신이 났어요. 학창 시절 정말 좋아하던 교내 방송 아나운서로 되돌아간 것 같기도 하고…"

얼마 지나지 않아 후배는 지역 방송국에 출연하기 시작했다. 평일 저녁이면 TV에서 그의 모습이 자주 보였는데 그의 출연은 한동안 마음을 들쑤셨다. 처음에는 무척 낯설게 느껴졌지만 그건 인정하고 싶지 않은 마음의 텃세였을 뿐이다. 후배는 그렇게 세상에 뜻을 굽히지 않고 자신의 길을 가고 있다.

직장 생활을 그럭저럭 이어가던 서른 중반의 또 다른 고등학교 후배는 어느 날 '바다이야기'를 오픈한다고 전해왔다. 돈을 좀 벌어야겠다고 했다. 아무리 생각해도 직장 생활은 끝이 뻔하다는 거였다. 뼈 빠지게 해봐야 돌아올 게 아무것도 없다는 것이었다. 달랑 퇴직금 몇 푼이 전부일 것이고, 퇴직해서도 결국에는 젊은 날 쓰던 녹슨 검을 빼들고 힘이 다하는 날까지 다시 싸우게 되지 않겠느냐는 말이었다.

오픈 초기 승승장구하던 가게는 언론과 정부의 철퇴 한 방으로 끝이 났다. 후배는 낙심할 틈도 없이 사채업자가 동원한 어깨들을 피해 쫓기는 신세가 되었다. 인생은 인생대로 돈은 돈대로 모두가 풍비박산이 나고 말았다. 착하디착한 아이 아빠에다 자상한 남편이었던 그는 하루아침에 모든 걸 잃었다.

사십대에는 흩어져 있던 조각들을 하나하나 짜맞추며 자신의 모습을 완성해나가는 시기다. 젊은 시절에 어쩔 수 없이 뒤집어썼던 가면들은 이제 제 역할을 다했기에 훌훌 벗어버리고 그동안 숨겨왔던 본래의 순수한 자신과 함께 인생 2막의 지도를 그리는 나이다. 1막의 지도는 웬만큼 거칠어도 크게 상관없다. 혹 길을 벗어나도 언제든 원점에서 다시 시작할 수 있기 때문이다.

하지만 인생 2막은 낙장불입이다. 처음으로 되돌아가서 다시 시작할 시간이 없다. 아니, 다시 패를 손에 들 기회가 주어지지 않는다. 자칫 옆으로 빠지면 삶이 어떻게 망가질지 모르기 때문에 2막의 지도는 정밀하고 꼼꼼하게 그려야 한다. 어느 것 하나 허투루 그려서는 안 된다. 덤벙덤벙 '뭐든 되겠지' 하며 준비 없이 뛰어드는 건 무척 위험한 행동이다. 자신의 모습을 완성하기는커녕 결코 돌아올 수 없는 먼 곳에서 객사할지도 모른다. 순수한 자신의 내면이 원하는 것들을 중심에 놓아야 한다. 오밀조밀한 등고선 사이로 '인생 최고의 프로젝트'를 그려 넣어야 한다. 마흔의 지도에는 자신이 가고자 하는 '최고의 길'이 들어가 있어야 한다.

바야흐로 지금은 '스펙'의 춘추전국시대다. 갓 입사한 후배들과 차라도 한잔하다 보면 떡 벌어진 입을 다물지 못한다. 해외 어학연수는 기본이고 외국어도 두 가지 정도는 유창하게 해야 고만고만한 수준에 낀다. 거기에다 각종 자격증에 '끼'까지 다분한 그들은 정말로 완벽해 보인다. 스펙이 받쳐주지 않고는 아무것도 할 수 없는 세상이 된 것이다. 그런데 회사의 장래를 생각하면 잘 된 일일지 몰라도 일을 시켜야 하는 입장에서는 오히려 부담만 커진 셈이기도 하다.

인생의 허리인 마흔을 지나는 지금 스펙을 대하는 많은 이들의 자세는 불안하기만 하다. 말을 할 때마다 '자격증'이라는 단어가 빠지질 않는다. 가장 만만하게 보는 것이 공인중개사인 듯하다. 그 자격증 시험장은 수많은 중년으로 혼잡해진 지 오래다. 어떤 까닭에서건 제대로 준비다운 준비를 하지 못한 이들에게 자격증만큼 달콤한 유혹은 없을 것이다. 붙들고 버틸 수 있는 건 오로지 이것뿐이라고 여기기 때문이다. 그리고 자격증을 '인생 최고의 보증수표'라고 생각하기 때문이다. 마흔이 시험 앞에서 정신을 못 차리며 흔들리는 이유다.

"나이 들면 할 게 있어야 하지 않겠어? 공인중개사라도 해야지. 그런데 이것도 쉽지 않아. 나이가 먹어서 그런지 진도가 잘 안 나가. 자리를 잡고 앉으면 머리가 멍해지고 책장을 넘겨도 온통 잡념만 들끓어. 낼모레가 시험인데, 거 참, 어떻게 해야 할지…."

시험 준비를 시작한 지 2년이나 된 지인은 아직도 자격증을 마련하지 못한 채 주말이면 푸념을 늘어놓는다. 하지만 그에게 공인중개사가 '인생 최고의 프로젝트'일까? 공인중개사라는 종이에 찍힌 '자격증' 한 장으로는 결코 가슴 뛰는 인생을 살 수 없다. 지금껏 '낼모레가 시험인데' 하면서 푸념만 하는 것도 하고 싶은 일이 아니기 때문이다.

마흔은 어느 때보다 숙성된 지혜와 미래를 설계하는 고난도의 기술이 요구되는 시기다. 풍요로운 인생을 그리려면 다양한 경험과 어느 정도 지혜를 가진 사십대에 시작해야 한다. 예전처럼 열정으로 좌충우돌 펄떡거리며 뛸 수 있는 나이가 아니다. 어떻게 마흔을 시작하느냐에 인생 2막이 눈부실 수도, 암울할 수도 있다.

죽음을 앞둔 이들, 특히 암에 걸려 생사를 헤매는 이들이 원하는 것은 대체로 비슷하다고 한다. '나에게 좀 더 잘해줄걸. 하고 싶은 것들을 많이 하며 살걸. 더 사랑할걸' 하는 안타까움이다.

마흔은 죽음을 생각하기에는 너무 이른 나이지만 훗날 인생의 뒤안길을 돌아보며 후회할 일은 만들지 말아야 한다. 침대에 누워 죽을 날만 기다리던 이들이 진정 안타까워하던 것들을 사명처럼 여기며 살아야 한다.

지금 하고 있는 일을 찬찬히 뜯어보라. 인생 최고의 프로젝트라 해서 꼭 대단한 것일 필요는 없다. 대단하다고 해서 인생을 빛나게 해주는 것은 아니다. 그동안 밥벌이에 쫓겨 어쩔 수 없이 옆으로 밀쳐놓았던 것, 가슴 뛰게 좋아했지만 이런저런 이유로 도전을 미루어왔던 것, 가족과 가까운 사람들의 눈 때문에 묻어두었지만 생각날 때마다 남몰래 꺼내 보던 것, 언젠가는 해야지 하면서 나중을 위해 남겨놓았던 것들을 찾아 해보는 것이다. 반드시 삶의 소명 같은 것들만이 인생 최고의 프로젝트가 되는 것은 아니다.

지금 당장 스스로에게 물어보라.

'내 인생의 No.1 프로젝트는 무엇인가?'

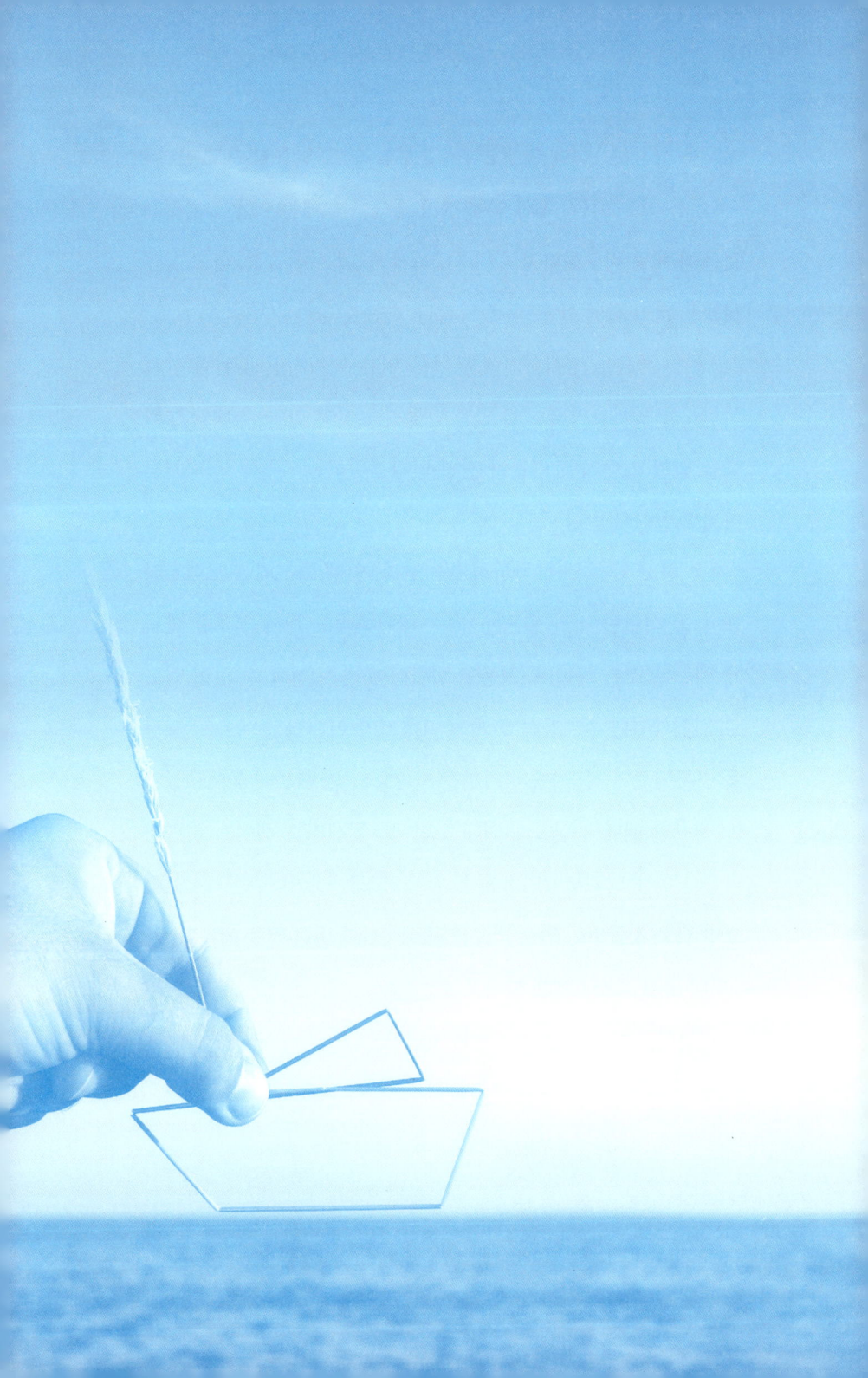

4장

기적은 사람으로
말미암아 일어난다

그 많던 술친구는
어디로 갔을까

———————— 그토록 훌륭했던 선배가 힘들어하고 있었다
니. 후배 일이라면 내 일인 양 발 벗고 나섰고, 회사에 대고 동료들
이 말 못하며 주저하는 상황이면 앞장서서 속 시원히 대변해주던
선배였다. 영업 능력도 상사들의 눈을 사로잡을 정도로 출중했다.
그래서인지 그의 곁에는 늘 동료들이 모여들었고 따르는 후배도
많았다. 적어도 회사에서 큰 자리 하나 정도는 앉아볼 인물로 여
겨졌다.

그런 그가 낙마한 것은 작은 실수 때문이었다. 운 나쁘게도 그것
이 감사에서 문제가 되어 결국엔 회사를 떠나야 했다. 경쟁 회사

로 간다느니 사업을 한다느니 무성한 소문을 낳았지만, 선배는 집에서 잠시 재충전한다고 했다. 그럭저럭 잘 지낸다는 말이 들렸고 가끔 하는 통화에서도 소문대로 목소리가 밝았다.

그 일이 있은 후 1년쯤 지난 어느 날, 초췌한 입성의 선배가 약속도 없이 사무실로 찾아왔다. 자리에 앉자마자 그가 내뱉은 말은 뜻밖에도 죽을 것 같이 힘들고 괴롭다는 것이었다.

"회사를 관두고 서너 달까지는 저녁에 술 한잔하자는 연락이 많아 심심할 새가 없었지. 하루는 후배가 또 다른 날은 동료나 선배들이 얼마나 자주 불러주었는지 몰라. 점심도 항상 불려나와 먹었을 정도야. 그런데 지금은 온종일 있어도 휴대폰 한 번 울리질 않아."

한동안은 직장 생활을 제대로 한 것 같다는 생각이 절로 들면서 어깨가 우쭐했고, 회사를 떠나서도 후배나 동료에게 인정받는 자신이 정말 뿌듯했다고 했다. 관계란 본래 그렇게 만들어지는 것이 아니던가. 안 보이면 어디 갔느냐고 물어주고, 끼니때가 되면 밥 먹으러 가자며 찾아주는 작은 관심들이 쌓이면서 말이다.

서너 달이 지나자 그를 찾는 횟수가 좀 줄긴 했지만 그래도 한 달에 두세 번은 전 동료들과 자리를 함께하며 보낼 수 있었다. 그런데 반년이 지나면서 선배의 휴대폰은 그야말로 애물단지가 되었다. 일주일에 한 번 정도 울리다가 그마저도 횟수가 급격히 줄더니 어떤 달은 보름이 지나도 불러주는 이가 없었다.

처음엔 서운한 마음이 들었다. 그러다가 한 달째 전화 한 통 없는 날이 이어지면서 집에만 있어야 했기에 무척 괴로웠다. 외출이 줄어드니 당장에 아내 눈치가 보였다. 다시 일자리를 구해보려고 했다. 그토록 잘나가던 그였지만 1년 가까이 쉬어서 그런지 맞아주는 곳이 없었다.

하는 수 없이 약속이 있는 양 집을 나와서 헤매기 시작했다고 한다. 어떤 날은 공원을 배회하고, 어떤 날은 하릴없이 재래시장을 구경하고, 할인점이나 백화점에서 죽치고 시간을 보내기도 했다고. 정말 한심스럽더란다. 어떻게 자기가 이렇게 망가질 수 있느냐는 생각에 극단적인 생각이 불쑥불쑥 솟곤 했단다. 그러다 근처에 오게 되어 사무실에 들렀다고 했다.

마흔의 나이는 생존의 일터에서 최고 절정기를 누리는 시기다. 절정에 있다는 것은 과분할 정도의 관심 속에 생활하지만 책임도 그만큼 많다는 의미다. 이른 아침부터 이리 뛰고 저리 뛰어도 산더미처럼 쌓인 일은 좀체 줄어들지 않는다. 일도 일이지만 신경 써야 할 사람은 또 왜 그리 많은가.

부담스러운 자리에서 만나야 하는 거래처 고객은 자꾸만 늘어나고 사무실 안에서도 관심을 가지고 돌아보아야 할 후배들이 넘쳐난다. 그렇다고 어느 하나 소홀히 대할 수 없다. 관계의 끈을 놓는 순간 마흔의 자리는 곧바로 위태로운 처지로 바뀌기 때문이다.

그래서 마흔 무렵이면 회사에서든 밖에서든 인간관계가 전부라고 생각한다. 사람에서 시작하고 사람에서 끝난다고 여긴다. 그렇지만 어디 그 관계의 끈이라는 것이 생각했던 만큼 질기던가. 언제 끊어져도 이상할 것 없는 불안한 관계가 아니던가.

모든 관계에는 감정이 스며 있다. 감정이 깊으면 관계의 틈은 촘촘할 테고, 얕다면 엉성할 터다. 마흔에 들어섰다면, 사람들과의 관계에 스며든 감정을 들춰봐야 할 때다. 그동안의 인간관계를 돌아볼 적기인 셈이다.

누군가는 서랍 속의 두툼한 명함집을 만지면서 자신의 능력을 과신하기도 할 것이고 밥벌이 전선에서 챙긴 전과라며 의기양양해할지도 모른다. 그러나 두툼한 명함첩이 지금껏 쌓아온 관계의 두터움을 보증하는 것은 아니다. 밥벌이 전선에서 거둔 훌륭한 성과라고 착각해선 안 된다. 많은 사람을 안다는 것이 반드시 나를 돋보이게 하는 힘으로 이어지진 않기 때문이다.

사람과의 관계는 살아 있는 생물체와 같아 지속적인 관심과 에너지를 쏟아야 끈끈해진다. 마흔은 그동안의 인간관계를 새로운 각도에서 바라볼 수 있는 나이다. 마흔이라면 건강검진이 중요한 것처럼 인간관계도 이대로 괜찮은지 아니면 손을 봐야 할지 점검해야 한다.

지금껏 명함이 끌어당긴 세상의 사람들을 만나고 그들과 관계를 맺어왔다면 이제는 명함 밖의 세상에 사는 이들에게로 눈을 돌릴 때가 됐다. 회사 밖의 사람들과 관계를 맺고 교분을 나누며 새롭게 확장해갈 기회를 가지려고 노력해야 한다. 거기에다 지금의 에너지를 배분할 수 있어야 한다.

밥벌이 전선에서 물러나면, 지금까지 일을 매개로 하여 이루어졌던 대부분 관계가 한순간에 틀어진다. 일을 잡고 있을 땐 때를 가리지 않던 휴대폰 벨소리도 언제 그랬냐는 듯 침묵으로 돌아선다. 명함의 직위가 만들었던 사람들과의 관계는 치열한 경쟁 속에서는 강력한 힘을 발휘하기에 주위에 사람이 모이지만, 명함을 내밀 수 없게 되는 순간 썰물처럼 빠져버린다. 더는 엮일 이유가 없는 것이다.

혹자는 성공적인 삶을 위해 지켜야 할 인간관계의 원칙으로 "삼십대까지는 자기편을 늘리고, 사십대부터는 적을 만들지 마라"고 얘기하기도 한다. 싫은 사람과 좋아지고 좋아하는 사람과 더 가까워지는 것이 아니라, 오히려 싫은 사람을 적으로 만들지 않고 좋아하는 사람과는 적당한 거리를 유지해 좋은 관계를 지속하는 것이 인간관계의 기술이라고 말하기도 한다.

그러나 사람과의 *끈끈한* 관계가 어디 자로 잰 듯 '원칙과 기술'로 맺어지던가. 사람은 감정의 동물이 아닌가. 감정을 바탕으로 엮이는 것이 바로 인간관계다. *끈끈한* 관계는 오로지 깊은 관계를 나눌 수 있는 사람들 속에서만 만들어진다. 원칙과 기술보다 감정을 나눌 수 있는 사람을 만나는 데 충실해야 한다는 말이다.

인생에서의 성공은 어디로 얼마나 빠르게 가느냐보다 누구와 함께 가느냐가 더 크게 좌우한다. 방향과 속도보다는 동행이 중요하다는 얘기다. 그리고 사람들과의 관계는 유지, 보수를 잘하면 은퇴 이후에도 오래도록 쾌활한 삶을 살 수 있도록 할 것이다. 신이 마흔 무렵에야 삶을 바로 보게 하는 깊은 통찰력과 지혜를 준 건 바로 이 때문인지도 모른다.

선배는 축 처진 어깨로 사무실을 나서면서 더는 말이 없었다. 살펴 가라는 인사말에도 무표정한 채 입꼬리만 살짝 올라갔다. 순간 가슴 밑에서 욱하고 뭔가 솟구쳤다. 그렇게 당당하던 그가 어떻게 이토록 허물어질 수 있단 말인가! 도대체 뭐가 잘못된 것인가? 정말 사람 때문인가, 아니면 선배의 기대 때문인가?

마흔에는 냉철하게 그동안의 인간관계를 돌아보아야 한다. 그렇지 않으면 머지않아 온종일 울리지 않는 휴대폰을 바라보며 아픈 한숨을 지어야 할지도 모른다. 내팽개쳐졌다는 괴로움을 곱씹으며 길거리를 방황하게 될지도 모를 일이다. 저녁에 해가 진다고 울분을 터뜨리는 사람이 되어서야 되겠는가.

인간관계에 대한 로망

　　　　　　　　　마흔이면 많은 사람과 얽히고설키며 자신만의 커다란 관계망을 구축한다. 그 관계망은 누가 봐도 촘촘하고 견고해 보인다. 언제든 손을 뻗치면 닿을 수 있는 거리에 많은 이들이 있고 아무리 흔들고 쑤셔대도 꿈쩍하지 않는다. 이것은 마흔의 자부심이고 존재감이자 정체성이다. 삶의 절정기가 빚어내는 후광이기도 하다.

　그런데도 어쩐 일인지 마흔이 되니 외롭다. 못 견디게 외로워서 미칠 것 같다. 그토록 촘촘한 관계망을 가졌음에도 터놓고 기댈 사람은 없다. 정작 필요할 때는 그동안의 관계가 한순간에 거품이 되어 사라져버린다. 역설적이게도 풍요가 만들어낸 빈한함이다.

마흔의 가슴에 로망이 난무하는 이유다. 현실이 받쳐주지 못한 욕망이 철철 넘쳐난다. 마흔의 로망은 사람이 그 중심에 있다. 마흔 무렵이면 모든 것이 사람에서 시작하고 사람에서 끝난다는 걸 잘 안다. 어느 때보다 관계의 소중함을 피부로 절감하는 시기다. 그래서 사람과의 관계에 온 마음을 쏟고 오로지 관계에만 집착한다. 평일 저녁은 당연히 늘 바쁘고 주말에도 쉬지 않고 쫓아다닌다.

나 또한 그중의 한 사람이었다. 마더 테레사의 글을 노트 한 귀퉁이에 기록해둔 게 그때쯤이었다.

자기를 좋아하는 사람도, 필요로 하는 사람도 없다고 느낄 때 오는 고독감은 가난 중의 가난이다.

그렇지만 사람의 마음을 얻는 것이 어디 생각만큼 쉽던가. 마흔에 시작한 로망이 결국 이루지 못한 사랑으로 끝나는 경우가 얼마나 많은가.

직장 선배 이야기다. 그는 오랜 직장 생활로 업무에 노하우가 깊었다. 자리도 두루두루 거쳤기에 회사 일에 관한 한 박학다식으로 통했다. 그가 부서장으로 승진해서 현장으로 나가게 되었는데 분명 승승장구할 것이라고 다들 입을 모았다. 그도 의기양양했다.

부임하고 6개월은 예상대로 성과가 파죽지세였다. 매달 현장 부서 중 최고의 실적으로 마감했다. 상사들과 주위로부터 기대와 관심을 한몸에 받았고, 부서장 생활은 눈이 부실 정도였다. 환희의 연속이었다. 그의 눈빛은 자신감으로 이글거렸다. 역시 그였다.

그런데 반년이 넘어서면서 이상한 징조를 보이기 시작했다. 성과는 여전히 정점에 있었지만 직원들의 행동과 태도가 그전과 달라지기 시작한 것이다. 무슨 일을 해도 마지못해 억지로 했고, 행동은 느리다 못해 굼뜨다고 할 정도였다. 리더인 그가 목소리를 높이지 않으면 부서원들은 전혀 움직이려 하지 않았다. 그는 쉼 없이 분통을 터트렸다. 그러는 동안 부서의 성적은 한 계단 두 계단 내리막을 걸었다. 두어 달이 더 지나니 바닥으로 곤두박질쳤다. 더 노력하겠다는 다짐도 무색하게 조직은 와해되고 말았다. 문을 닫아야 할 지경에 이른 것이다. 결국 그 선배는 깨끗이 백기를 들어야만 했다. 부서장으로 나선 지 11개월 만이었다.

왜 그랬을까? 그는 출중한 능력을 인정받은 사람이었고 그의 부서원들 역시 어느 부서보다 높은 자질을 갖췄다고 평가되었다. 그런데 왜 실패할 수밖에 없었던 것일까? 나중에야 이런저런 소리들이 들렸다. 한마디로 부서원의 신뢰를 잃은 게 원인이었다. 그는 그대로, 부서원은 부서원대로 각자 바라보는 곳이 달랐던 것이다.

부임 초기에는 그도 온 힘을 다해 부서원들과 하나가 되려고 노력했다. 으레 그렇듯 부서원들은 새로운 리더가 오면 그의 행동을 하나하나 관찰하면서 자신의 행동을 맞춰간다. 그래서 초기 성과는 대체로 잘 나온다. 이를테면 부임효과라는 것인데, 그 선배는 부임효과를 톡톡히 봤다고 할 수 있다. 그런데 서너 달이 지나면서 부서원들과 마찰이 생기기 시작했다. 리더의 변화 요구와 부서원의 저항이 시작된 것이다. 양쪽의 기세는 팽팽했다. 좀체 한쪽으로 기울 기미가 보이지 않았다. 힘겨루기가 길어지면 둘 다 탈진하고, 심하면 죽는다. 그래서 변화의 성공 여부는 한쪽이 얼마나 빨리 피를 보며 쓰러지느냐에 달려 있는 법이다.

처음에는 사소했던 갈등이 시간이 흐르면서 걷잡을 수 없는 물길이 되어 서로의 사이를 갈라놓았다. 그 선배는 이해할 수 없는 인사를 단행했다. 성과가 우수한 부서원을 변화를 받아들이지 않는 '변화의 적'이라는 명분하에 다른 곳으로 발령을 내고, 입사한 지 얼마 되지 않는 나이 어린 사원을 말 잘 듣고 고분고분하다는 이유로 팀장으로 발탁하는 등 자신을 추종하느냐 아니냐에 따라 편을 갈랐다. 업무 능력이 뛰어나고 자기 말을 잘 듣는 부하직원들은 눈에 띄게 편애하고 자기를 무시하는 듯한 눈치가 보이면 가혹할 정도로 적대시했다. 리더의 자만이 매서운 권위로 바뀐 것이다. 하지만 부서원들은 그러한 것에도 전혀 아랑곳하지 않고 행동의 변화를 보이지 않았다. 오히려 저항이 더 커졌다.

결국 팽팽하던 줄은 터지기 시작했다. 결근이 잦은 부서원이 생겨나는 등 불협화음이 커졌음에도 그는 부서원들의 행동에 무관심으로 일관했다. 부서원이 일하고 있어도 퇴근 시간이 되면 사무실을 나가버리기도 하고, 면담을 요구하면 바쁘다며 거부했다. 양쪽 모두 '네 탓'이 쳐놓은 함정에 빠져버렸다.

어떤 조직이든 한번 '네 탓'의 그물에 걸리면 결코 쉽게 빠져나올 수 없다. 추악하고 모멸스러워 상처가 오래가기 때문이다. 그러는 사이 부서의 성과는 추락을 거듭했다. 결국 보다 못한 회사에서는 그를 더는 그곳에 둘 수 없다고 결정했다.

로망이란 현실이 받쳐주지 못한 바람들이 삐걱대며 마음에 자리 잡은 환영이다. 꼭 하고 싶고 이뤄보고 싶은 것인데 손을 뻗어 붙잡기엔 너무나 먼 곳에 존재하는, 욕망의 그림자 같은 것이다. 어쩌면 이룰 수 없는 애달픈 사랑이자 금지된 장난 같은 것일 터다. 그래서 희망이 아닌 로망이 되는 것이다.

마흔에는 갖가지 로망에 휘둘린다. 특히 인간관계에 대한 로망에는 삶 전부를 바칠 만큼 무섭게 집착한다. 그토록 중요하게 여긴다. 그럼에도 대부분의 관계는 이익에 따라 모이고 흩어진다. 바위보다 튼튼할 것 같다가도 어느 순간 마른 낙엽처럼 바스락거리며 부서진다. 모두가 자신의 유익을 기반으로 만든 관계이기 때문이다.

그런 까닭에 마흔 이후부터는 일과 지위를 넘어선 인간관계를 생각해보아야 한다. 보다 본질적인 필요에 의한 만남이어야 한다. 이제까지는 내게 이익이 되는 사람들과 주로 관계를 가졌다면 지금부터는 내 삶에 긍정적인 변화를 주고 기회의 디딤돌이 되는 사람들을 만나야 한다. 상대가 어떤 유익을 줄 것인지 따지기보다는 어떻게 하면 그 사람의 마음속으로 스며들 수 있을지를 먼저 생각해보아야 한다. 마음을 터놓고 만나는 관계인지 아니면 문이 꽉 닫힌 상태에서 이루어진 만남인지를 따져보아야 한다. 그 둘은 관계의 신뢰도와 견고함에서 천양지차이기 때문이다.

신뢰는 마음의 주고받음에서 비롯된다. 마음을 터놓은 관계라면 견고함이 어떨지 쉽게 상상할 수 있다. 그런 관계가 그냥 낙엽처럼 바스락거리며 부서지거나 한순간에 거품처럼 사라져버리겠는가? 신뢰는 인간관계의 핵심이다. 사람을 얻고자 하는 마흔의 로망은 신뢰만 줄 수 있다면 그다지 어렵지 않게 이룰 수 있다. 사람을 얻으려면 마음을 바쳐야 하는 이유다.

마흔이라면 신뢰에 대해 다시 한 번 곰곰이 생각해보아야 한다. 나는 오래전의 실화 하나를 기억하고 있다. 마흔이 되어서는 자주 생각나는 감동적인 얘기다.

제주도 남동쪽으로 33킬로미터 떨어진 바다에서 일어난 일이다. 사방은 온통 칠흑같이 어두웠고 3∼4미터나 되는 거친 파도가 일고 있었다. 그곳에 22톤 갈치잡이 어선 미성호가 있었다. 그런데 어느 순간 갑자기 미성호 기관실에서 시뻘건 불길이 치솟았다. 불은 금세 선체에 옮겨붙어 이글거리며 타올랐다. 더는 손을 쓸 수 없는 상황이었다. 소화기를 다 써버린 선장은 순간적으로 배를 버려야 한다고 판단했다. 갑판으로 뛰어 올라갔다. 갑판에는 선원들이 부표로 쓰는 스티로폼을 몸에 묶고 뛰어내릴 준비를 하고 있었다.

이때 고성호 선장의 기지가 발휘되었다. 그는 큰 소리로 외쳤다. "흩어지면 모두 죽는다. 바닷물이 차가워 오래 버틸 수 없다. 만약 죽더라도 시신이라도 찾을 수 있게 해야 한다."

그러면서 그는 각자의 몸에 묶고 있던 부표를 모두 풀어서 한데 묶어 닻줄 끝에 또다시 묶도록 명령했다. 그리고 자신의 명령이 떨어지기 전에는 누구도 바다로 뛰어내리지 못하게 했다. 불이 배의 후미를 거의 다 태워 몇몇 선원이 화상을 입을 때까지도 배 위에서 더 버티도록 했다. 급기야 더 참을 수 없는 상황이 되자 뛰어내리라고 명령을 내렸다.

바닷물을 먹는 순간 생존율이 크게 떨어진다. 그래서 고 선장은 바다에 뛰어내려서는 물을 먹지 않도록 밀려오는 큰 파도를 등으로 맞게 했다. 저체온증에 대비해 최대한 몸을 웅크리게 하고, 수영을 못 하는 선원들을 계속 격려하며 부표를 놓치지 않도록 하는 한편, 수영 실력을 감안해서 미리 구조순서까지 정해줬다.

고 선장은 구조 시간이 오래 걸릴 수도 있다는 생각에 선원들에게 "무전연락이 안 됐다. 그러니 모두 죽었다고 봐야 한다"고 거짓말을 했다. 이는 선원들이 인내심을 갖고 침착하게 기다릴 수 있도록 하기 위해서였다. 그러면서 그는 그런 긴박한 상황에서 선원들과 농담을 주고받기도 했다. 다행히 10킬로미터 떨어진 곳에 있던 다른 배가 고 선장이 날린 무전을 수신하고 구조하러 왔다. 그 덕분에 그들은 바다에 뛰어든 지 1시간 40여 분 만에 구조될 수 있었다.

아홉 명의 선원을 살려낸 고성호 선장은 구조 후 다음과 같이 말했다.

"추운 겨울에는 저체온증이 가장 위험하다. 그래서 몇몇 선원이 화상을 입었지만 최후의 순간까지 바다에 뛰어들지 못하도록 가로막았던 것이다. 선원 모두가 선장의 말을 잘 따라주어 살 수 있었다."

생사의 갈림길에서 선원들이 그의 말을 들을 수 있었던 것은 평소 선원들의 마음을 얻었기 때문이다. 그와 선원들 사이에 단단한 신뢰가 있었기에 그런 긴박한 상황에서도 선원들은 제멋대로 행동하지 않고 일사불란하게 움직일 수 있었다.

고 선장은 평소 어려운 일이나 힘든 일이 있으면 선장인 자신이 먼저 나섰다. 배에서 내릴 때도 항상 선원들이 모두 내린 후에야 마지막으로 내렸다. 그리고 어획량이 많아 월급이 많을 때는 가정이 어려운 선원들에게 자신의 돈에서 일부를 떼어 보태주기도 했다. 고성호 선장이야말로 한배를 탄 선원들의 마음을 얻는 법을 누구보다 잘 알고 있었던 것이다.

사람 사는 세상엔
사람이 제일 중요해

──────── 전 직장에 무척 출중한 동료 하나가 있었다. 그의 업적은 화려했다. 상이라는 상은 죄다 휩쓸다시피 했고 어떤 곳으로 발령이 나도 반드시 성과를 내는 사람이었다. 심지어 부서장의 무덤이라고 다들 고개를 내젓던 만년 하위 점포에서조차 성과를 상위에 올려놓으며 보란 듯이 살아 돌아왔다. 그의 명성은 더 대단해졌고, 진정한 승부사로 칭송받았다.

그런 그였지만 특진은 거듭했음에도 결국 임원이 되지는 못했다. 누가 보더라도 임원이 되는 게 당연한 수순이라 여겼지만 결과는 뜻밖에도 누락이었다. 현장에서는 여러 말이 돌았다. 힘들고 어려운 일은 모두 현장으로 미루더니 달콤한 열매는 본사 근무자들이 다 가져간다며 불만의 소리가 사무실 곳곳을 헤집고 다녔다.

그도 인정할 수 없다며 경영진을 찾아가 면담을 요청했다. 주변에서도 많은 이들이 그의 입장을 두둔했다. 그러나 이미 발표된 인사는 번복되지 않았다. 그 일은 일단의 해프닝으로 끝이 났다. 동료는 그 길로 스스로 부서장이라는 보직을 벗어던져 버렸고, 울분에 찬 그가 택한 길은 백의종군이었다.

한참의 시간이 흐른 후 그 연유가 자연스레 알려졌다. 그는 승부욕이 남달랐다. 무슨 경쟁이든 붙으면 이겨야 직성이 풀리는 성격이었다. 이를테면 호승지벽(好勝之癖)이 있었다. 문제는 경쟁에서 이긴다는 건 그만큼 상대의 마음을 다치게 할 수도 있다는 것이다. 그와의 경쟁에서 패했던 이들이 좋은 감정을 가졌을 리 없다. 성과는 우수했던 반면 평판은 좋질 못했다. 그것이 항상 그늘이 되어 그를 따라다녔다.

업무 스타일 또한 단호했다. 그와 생각이 다르면 일절 받아들이지 않았다. 호불호가 확실하니 그와 함께하는 이들은 일사불란했다. 일체감이 있으니 동료애도 깊었다. 짧은 시간에 눈부신 성과를 만든 비결을 찾는다면 바로 이것이라 할 만했다. 그러나 무리의 생각은 늘 한결같을 수는 없는 법, 그와 생각이 다르면 언제든 떠나야 했다. 실제로 그를 떠나는 이도 많았는데, 그가 내친 것이나 다름없었다.

그런 까닭에 주변엔 우군도 많았지만, 그에게 앙심을 품는 이들도 많았다. 그것은 더 빨리 날기 위해 심한 맞바람을 감수하는 것과는 차원이 다른 것이다. 마음의 상처는 오래가기 때문이다. 일단 헝클어진 사람의 관계는 냉혹하고 가혹해진다. 자의든 타의든 적으로 돌변한 이들은 비수 한 자루를 가슴에 품은 심정으로 상대방을 깎아내리기 마련이다. 동료는 그런 것들을 아랑곳하지 않았지만 그에 대한 뒷담화는 바이러스가 되어 회사 사람들 사이에서 증식하고 있었다.

사람은 좋은 말보다는 좋지 않은 소리에 먼저 귀가 뜨인다. 이것은 영장류 시절부터 기인한 인간의 습성이다. 사나운 짐승의 소리에 민감하게 반응하는 것은 생존과 직결되는 문제였으니까. 현장 주변에서는 그의 출중한 능력이 내리 회자되었지만, 경영진의 귀에는 좋지 않은 소리도 전달되었다. 숙적들의 날카로운 칼끝이 예리하게 파고든 것이다. 능력이 비슷하다면 적이 많지 않은 사람을 선택하는 건 당연한 결과다. 그래서 승승장구하던 그가 결국 임원 승진 경쟁에서 패배의 쓴잔을 마신 것이다.

마흔에 이른 이라면 반드시 알아야 할 것이 있다. 마흔부터는 많은 사람을 알고 지낸다는 것이 힘이 되지는 않는다. 많은 만남으로 자기편을 만드는 것은 어디까지나 마흔 이전에 해야 할 일이다. 마흔에 접어들면, 쓸데없이 적을 만들지 말아야 한다는 말을 되새겨야 한다. 그래서 현자들은 "많은 친구를 두는 것보다 한 명이라도 적을 만들지 말라"고 충고한다.

적이 된 이들은 호시탐탐 약한 부위를 찾아 물고 늘어진다. 그동안 애써 쌓은 것들을 와해시키려 할 뿐이다. 친구의 칼날은 무디고 둔탁하지만 적의 칼날은 항시 시퍼렇게 날이 서 있다. 칼끝은 어떤 것이라도 뚫을 만큼 날카롭고도 예리하다.

"천 명의 친구들이 있어도 그것은 적은 숫자이고, 단 한 명이라도 원수가 되면 그것은 많은 숫자다"라는 옛말은 사실이다. 마흔 이전에는 자기편을 만들기 위한 만남을 가졌다면, 마흔 이후부터는 적을 만들지 말라. 그것이 성공적인 삶을 위해 지켜야 할 인간관계의 철칙이다.

얼마 전 조촐한 자리에서 만난 그 동료는 수척한 모습에 일상마저 흐트러져 보였다. 옷매무새부터 추레한데다 그토록 총기 있던 눈매는 초점 없이 흐리기만 했다. 사람에 걸려 넘어졌다면 반드시 사람의 힘을 빌려 일어서야 한다. 그러지 못하고 있는 그의 모습은 몹시 안타까웠다.

"꼭 명심해. 능력 그거, 너무 믿지 마. 사람이 사는 세상엔 사람이 제일 중요한 거 같아. 앞만 보고 달리면 옆과 뒤를 놓치게 되더라고. 결국 소홀히 했던 옆과 뒤에서 탈이 나게 돼. 난 왜 그렇게 어리석었는지 몰라. 조금만 신경 썼어도 되었을 것을…."

삶의 뒤편이 눈에 훤히 보이고 어느새 인생 철리가 가슴에 쏙쏙 와 닿을 마흔에 이르면 단순한 진리에도 고개를 끄덕이며 쉬이 무릎을 꺾는다. 자신의 처지를 꼭 집어 말한 것 같은 진리의 엄연함에 숙연해지는 것이다. 진리가 진리 이상의 의미로 다가오기 때문이다.

마흔만이 지닐 수 있는 진정한 매력은 자신과 다른 것들을 품을 줄 안다는 것이다. 넘을 수도 없고 피할 수도 없는 삶의 문제를 온몸으로 받아들이는 지혜가 필요하다. 인간관계에 대해서도 별반 다르지 않다. 상대를 있는 그대로 품어주고 받아줄 수 있어야 한다.

나 자신이 완벽한 사람이 아니라는 것을 인정하고 상대방에게도 완벽함을 강요하지 말아야 한다. 그래야 상대방을 이해할 수 있고 단점까지 기꺼이 받아들일 수 있다. 편안한 관계는 이런 공감에서 이루어진다. 억지로 변화시키려 하거나 자신과 다르다는 이유로 내친다면 관계는 점점 악화될 수밖에 없다.

그런데도 대부분은 스스로를 책망하며 절망한다. 누구보다 잘 알면서도 그 엄연한 진리를 자신의 것으로 체화하지 못하는 자신을 보면서 인내심이 부족하다고 한탄한다. 바로 눈앞에 있는데 손을 내뻗어 잡지를 못하는 자신의 모습이 못마땅한 것이다. 이것은 나이가 들면서 마음의 유연성이 떨어지는 게 가장 큰 이유다. 마흔은 몸도 굳어지지만 마음의 유연함이 급격히 떨어진다. 아우르고 받아들이지 못하는 옹고집이 생기고 쉽게 흑백논리에 빠진다. 무엇을 하더라도 이것 아니면 저것이라는 식으로 일도양단(一刀兩斷)의 유혹에 빠진다. 자신의 가치에 맞지 않는 것은 받아들이지 않고 외면하고 뿌리친다. 그러면서 관계가 악화되는 것이다.

또한 뒤처져서는 안 된다는 경쟁심리도 한자리를 차지한다. 온통 경쟁자들로 둘러싸인 마흔은 조금의 빈틈도 보이지 않으려 한다. 약간의 틈이라도 그들에게 빌미가 되고 이제껏 쌓은 것들을 일순간에 무너뜨릴 수 있는 원인이 되기에 스스로를 중무장하려 애쓴다. 곁의 누군가가 실수라도 하면 참지 못하고 불같이 역정을 내며 완벽함을 요구한다. 그래서 그 주변에 머무는 사람은 늘 괴롭고 힘들 수밖에 없다.

삶의 절정기에 있는 마흔이 쏟아내는 말은 어느 때보다 상대에게 큰 영향력을 끼친다. 그러한 만큼 남에 대해 평가하고 판단하는 일은 최대한 줄여야 한다. 평가와 판단에는 비평과 비판이 뒤

따르기 때문이다. 삶을 좀먹는 원한과 증오가 바로 여기서 자란다. 이것들이 언젠가는 갈고리가 되어 뒷다리를 잡아챌 것이다.

아무도 관심을 두지 않는 한직에서 아직도 옛 시간을 잊지 못하는 동료를 보면 안타깝고 한편으론 서글프다. 불안한 경쟁에 쫓기고 몸과 마음의 유연성이 급격히 떨어지는 마흔이라면 누구도 예외일 수 없을 것이기에 더욱 그렇다.

마흔은 아직 갈 길이 멀다. 앙심을 품은 적이 파놓은 허방에 빠져 허우적거릴 시간이 없다. 마흔에 이르렀다면 내 편은 아니더라도 최소한 적을 만들지는 말아야 한다.

함께 밥 먹는 친구에게
목숨 걸지 마라

─────────── 오늘도 어제와 다름없이 산꼭대기 위로 바위를 밀어 올리고 있다. 울룩불룩 푸르스름한 정맥이 살갗 밑에서 꿈틀거리고 탄탄한 구릿빛 근육이 온 힘을 자아낸다. 반나절이 되어서야 집채만 한 바위는 겨우 산꼭대기에 올려졌다.

그러나 손을 놓자마자 바위는 애초 있던 자리로 굴러떨어졌다. 다음 날 같은 시간이 되자 바위는 또 산꼭대기로 옮겨졌다. 꼭대기에 닿자 다시 제자리로 돌아갔다. 그다음 날도 같은 일이 반복되었다. 그다음 날도 바위는 변함없이 오르내렸다.

힘겹게 바위를 밀어 올리던 그 사람의 얼굴을 가까이서 살며시

들여다보았다. 땀이 범벅된 얼굴에 눈은 흐리멍덩한 채 초점을 잃었다. 멀리서 보았을 때 그토록 탄탄해 보이던 근육은 가까이서 보니 쭈글쭈글 처지고 접혔다. 푸르스름하던 핏줄도 마찬가지다. 곧 찢어져 검붉은 피들이 새나올 것 같이 꼬불꼬불 가늘기만 하다.

낡은 육체와 마찬가지로 정신도 이미 피폐하고 노쇠해졌다. 늙어버린 고목에서 희망을 찾는 건 어렵지만 절망을 읽는 건 쉬울 터. 역한 땀냄새를 풍기며 이제 더는 살아 있다는 느낌이 전해지지 않는다. 산 자의 죽음이고, 죽음 가까이를 사는 자다.

왜 그렇게 사느냐고 물어보았다. 희망도 보이지 않고 의미조차 찾을 수 없는 삶을 사는 이유가 뭐냐고. 그는 귀찮은 듯, 그러나 망설이지는 않고 쏟아냈다.

"사는 데 이유가 있는가? 먹고살기 위해서다. 가장이 되어보지 않았다면 말을 하지 마라. 아이 낳고 키우고 공부시키려면 아침 일찍 출근하고 밤늦도록 일해야 하지 않는가. 누가 월급을 거저 주나? 애들 교육비에 주택담보대출 이자에 어디 허리 한 번 펼 수 있어야 말이지. 그래서 앞만 보고 달리는 거지. 왜 사느냐고? 누가 몰라서 고상한 답 안 하는 줄 알아? 그럴 시간 있으면 한 푼이라도 더 벌어야 하기 때문이야. 더 말 시키지 마. 바위 밀어 올리러 가야 할 시간이거든."

마흔에 접어들면 어느새 자신이 회사인간 '시시포스'가 되어버렸음을 떠올리게 된다. 매일 반복되는 일과와 늘 만나는 사람들의 관계 속에서 지치고 시들어간다. 밀어 올려야 할 일은 해도 해도 끝이 없고, 겨우 올려놓았다 싶으면 다시 또 굴러 내려온다.

수없는 만남 속에 있으면서도 어제의 만남과 별반 다름없는 오늘의 만남이 이어진다. 서로 상처를 주거나 받거나 하면서 다시 안 볼 것처럼 얼굴을 붉히다가도 다시금 무리 속으로 비집고 들어간다. 무리 속의 안온함이 부르는 까닭이다. 무리의 구심력을 벗어날 원심력이 모자라는 탓이다.

무리를 짓는 습성은 원시사회에서부터 굳어진 인간의 오랜 본성이다. 무리 속에, 군중 속에 있을 때는 안정이 보장된다. 마흔 무렵이면 이전 삶의 관성이 가장 강력할 시기다. 무리 속의 안온함이 뼛속까지 스며 있는 때다. 안정 안의 안온함은 깊고도 두껍다. 웬만한 해머로는 부술 수 없다.

간혹 안온함의 울타리를 부수고 바깥으로 떠나 홀로 선 이도 있지만, 그건 어디까지나 극히 일부일 뿐이다. 무리에 아무런 영향을 주지 않을 정도의 작은 부분에 지나지 않는다. 무리 속의 대부분은 변함없는 일상 속에서 낮 동안 비춰주는 햇살의 따사로움에 취해, 매일 반복되고 늘 익숙한 만남을 새로운 듯 착각하며 살아갈 뿐이다.

그러나 우주 어디에도 영원한 것은 없다. 무리 속에서의 안정도 결코 영원히 보장되지 않는다. 해가 떠 있는 낮에만 쪼일 수 있는 따사로움일 뿐이다.

끝없는 안정을 줄 것만 같던 무리는 구성원 중 누군가가 그들의 생존에 도움이 되지 않는다고 생각되면 언제든지 털어낸다. 사과의 썩은 부분이 전체를 좀먹기 전에 파내듯이. 어떤 경우에도 예외는 없다. 무자비한 난도질을 하고도 아무런 죄책감을 가지지 않는다.

그래서 마흔을 넘어서면 차가운 밤이 멀지 않은 곳에 있음을 알고, 어둠이 오기 전에 견뎌낼 준비를 끝내야 한다. 무리에 기대어 있으면서 언제든지 울타리를 넘어 뛸 준비를 단단히 해야 한다. 무리에서 엉덩이를 뒤로 빼놓는 것이 살길임을 명심해야 한다.

"정말 그럴 줄 몰랐어요. 전 일밖에 몰랐거든요. 일만 하면 다 제대로 될 줄 알았지요. 가정도 생각하는 대로 행복해지고 꿈꾼 것들도 죄다 이룰 수 있을 줄 알았습니다. 죽도록 일만 했어요. 일만 생각했고 회사 사람들만 만났지요. 회사 밖의 사람들을 만나면 괜히 죄지은 기분이었거든요. 그렇게 회사에 목숨을 바치듯 했는데 서른 중반의 어느 날 회사가 어려우니 좀 나가달라고 하더라고요. 나 참! 회사에서 잘리고 나서야 일은 일일 뿐이고 늘 같이 지내던 사람도 그 사람이 아니란 걸 똑똑히 알게 됐지요."

중소기업을 다녔던 지인은 지금도 그때 일을 생각하면 왜 그리 한심하게 직장 생활에 목을 맸는지 후회된다고 했다. 절대 그래선 안 된다면서. 나와서 보니 회사에서 한 일과 만난 사람들이 사실 별 도움이 안 되더라는 거였다. 그렇게 잘해주던 몇 안 되는 동료들도 서너 달이 지나니 전화를 안 받았고, 사실 전화할 일도 크게 없더라는 것이다. 그러니 나중의 독립을 생각하면 바깥세상을 기웃거리는 데 소홀해서는 안 된다고 했다.

마흔, 책임의 무게가 절정으로 치닫는다. 밀어 올려도 끝없이 되돌아오는 바윗덩어리에 한숨만 가득하다. 그런 까닭에 마흔은 이제껏 살아온 삶의 표층에만 매이지 말고 나도 모르게 삶 속에 흐르게 된 관성을 눈여겨봐야 한다. 그리고 필요하다면 과감히 그 관성을 끊어야 한다.

정상에 머무를 시간은 그리 많지 않다. 우물쭈물하다가는 무게에 짓눌려 아무것도 못 하고 만다. 누구나가 마흔 무렵이 변화의 적기라고 한다. 변화는 한 지점에서 다른 지점으로 위치를 옮기는 물리적 움직임이다. 이것은 안팎으로 온다.

환경의 변화는 밖에서 오는 변화다. 나이가 들면 소속된 무리에서 먼저 징후가 나타난다. 후배가 먼저 승진하고 관계가 좋지 않은 선배가 바로 위 상사로 온다. 자신은 차츰 한직으로 밀려나고 무리의 중심에서 멀어진다. 변화하라는 신호다. 변화에 승차할 수 있는 마지막 차표를 사라고 내미는 손길이다. 이것을 무시하면 기회는 물 건너간다.

안에서 오는 변화는 차분하다. 하지만 불현듯 찾아든다. 살아 있음을 느낄 수 없고, 희망이 보이지 않는 삶에 회의감이 들면서 자신에게 질문을 던지게 된다. 어쩌면 지친 영혼의 화들짝 깨어남이다. 깨달음이라고 해도 무방할 것이다. 그동안 누적된 삶에서 터져 나오는 마흔의 오도송(悟道頌)일 터이다. 다시 말해, 고승들이 부처의 도를 깨닫고 지은 시가처럼 마흔이 자신의 상황을 깨닫고 던지는 자문일 것이다.

'왜 올려지지 않는 바위를 끝도 없이 밀어 올리며 살아야 하나?'

'이보다 더 가치 있는 일은 없는가? 반드시 이 일이 아니면 안 되는가?'

'그렇다면 뭘 준비해야 하는가? 누굴 만나야 하는가?'

진정한 변화는 의식의 변화에서 비롯되어 행동의 변화로 종결된다. 움직이지 않는 변화는 변화라 할 수 없다. 직장인이라면, 시시포스의 삶을 살고 있는 마흔의 회사인간이라면 이제 만나는 사람부터 달라야 한다.

사실 마흔 고개를 지나고 있는 이들의 주변 사람들을 보면 늘 그 사람이 그 사람이다. 똑같은 고민을 하고 고만고만한 생각 속에 삶을 산다. 같은 시간에 같이 출근하고, 같은 사람과 밥을 먹고 같이 퇴근하는 삶인지라 새로움이 깃들 수 없다.

특히 같은 무리 속에서 만나는 그들은 한 번도 안온함의 울타리 밖으로 나가본 적이 없는 이들이다. 그들과 술을 마시고 밥을 먹으며 한패가 되고 자웅을 겨뤄본들 결말이 예전과 다를 리 없다. 오히려 안온함을 뿌리치고 무리 밖으로 나서려는 자신의 발목을 붙잡고 늘어질 가능성이 크다.

마흔의 가장 큰 적은 안정과 고집이다. 둘은 과거의 관성에 얽매인다는 데 공통점이 있다. 무리가 보장하는 안정의 안온함과 끊임없이 밀어 올리는 바위가 삶의 전부라는 고집스러운 생각이다. 안타깝게도 그러한 곳에는 새로운 삶의 변화가 들어설 틈이 없다.

그래서 마흔이라면 결코 함께 밥 먹는 친구에게 목숨 걸지 말아야 한다. 나 또한 그런 대상이 되어선 안 된다. 그 대신 변화의 삶에 승차할 마지막 차표 한 장에 목숨을 걸어야 한다. 스스로에게 다음과 같이 물어보라.

'오늘 나는 누구와 함께 밥을 먹을 것인가? 함께 먹는 그들에게 난 어떤 사람이 될 것인가?'

은퇴 후 내겐
몇 명의 전화번호가 남을까

———————— 마흔은 끝이 보이지 않는 질주 속에서 많은 사람을 만나고, 또 무수한 일을 처리해나가는 때다. 만남이 곧 일이고 만남으로 능력이 결정되는 시기다. 그들의 가치는 만남의 양과 질에 따라 평가된다. 그런 까닭에 인간관계의 중요함을 누구보다 뼈저리게 느끼고 그 영향 안에서 극심한 스트레스를 받으며 산다.

어느 연구학자는 이렇게 말했다. "노후의 행복은 부나 명예 같은 것들이 아니라 47세 무렵까지 형성된 인간관계에 의해 결정된다. 즉, 47세 무렵까지 어떤 인간관계를 형성하였느냐에 따라 노년의 삶이 행복과 불행으로 구분된다."

마흔이면 '인간관계의 함수'에서 결코 자유롭지 못하다.

앞으로 얼마나 더 일할 수 있을지 또 어느 직위까지 올라갈 수 있을지 거듭 고민하는 때다. 그러면서 인생 2막을 준비해야 하는 시기이기에 마흔에는 인간관계를 매우 신중하게 다뤄야 한다. 지금의 일을 연장하든 그렇지 않고 새로운 일을 시작하든 그건 중요치 않다. 일이란 본질적으로 사람과의 관계 속에서 시작되고 끝나기 때문이다.

며칠 전 부서장 워크숍에서 전 직장의 동료들을 만났다(나는 회사 내에서 몇 차례 계열사 이동을 했기 때문에 전에 함께 근무했던 동료들을 종종 만나곤 한다). 모두 넉넉한 웃음을 보여주었고, 여유로워 보였다. 적어도 겉으로는 승승장구하고 있는 듯했다. 하지만 휴식시간에 그들과 몇 마디를 나눠보고는 씁쓸함을 감출 수 없었다.

연초 임원 인사에 그들의 상사가 바뀌었다고 한다. 그들과 함께 현장에서 오랫동안 동고동락한 후배가 상사가 된 것이다. 마뜩잖았을 것이다. 그래서 겉으로는 따르는 척하지만 뒤로는 후배 상사를 헐뜯느라 애쓰는 것 같았다. 후배 상사의 사원 시절 실수담을 들추며 웃어대는데, 그 웃음에서 날카로운 질시의 칼날이 보였다. 얘기가 오가다 보니 후배 상사의 미숙함으로 초점이 집중되었다. 사사건건 마음에 들지 않는다고 했다. 여건만 된다면 다른 지역으로 옮기고 싶다고 했다. 어떻게 후배를 상사로 모시며 직장 생활을 할 수 있느냐는 얘기였다.

듣기에 민망할 정도의 얘기들이 더 오간 후 그들과 헤어졌다. 그들도 모두 일터에서 능력을 훌륭히 발휘하고 있고 조직에서 인정받고 있다. 그래서 부서장이 되었을 것이다. 하지만 현재 상황을 겸허히 받아들이려 하지 않는 점은 그런 면모와 사뭇 달랐다. 어딘가 비굴함조차 묻어났다. 무엇이 그들을 그렇게 만들었을지 추측하는 건 어렵지 않다. 과거에 얽매여 새롭게 거듭나지 못하는 태도에서 비롯된 것이 분명하다.

사람은 한 살, 두 살 나이가 더해질수록 과거에 얽매이는 경향을 띤다. 아직도 진행 중인 삶이 생각처럼 쉽지 않아서이기도 하지만, 과거를 돌아보면 자신이 걸어온 길이 선명하게 드러나기 때문이다. 가끔은 어디 내놓아도 부끄럽지 않은, 훌륭한 성과를 낸 자신을 만나기도 한다. 그것으로 지금의 내 처지를 위무하며 굽은 어깨를 곧추세울 때도 있다.

만족스럽든 그렇지 않든 삶은 흔들리고, 후회하고, 스스로를 위로하며 이어진다. 그것이 삶의 순리다. 문제는 그것에 스며드는 자만심이다. 나를 으쓱하게 했던 과거의 경험이 현재를 옭아맬 뿐 아니라 앞으로의 삶까지 파경으로 몰아가는 경우가 허다하다. 과거를 기준 삼아 현재의 밭을 갈고 미래를 준비하는 것이 아니라, 과거의 기억에 묻혀 지금 이 순간을 외면하며 미래를 파종하는 것에 소홀해지는 것이다.

마흔에 들어서는 관계를 꾸려가는 데 이러한 과거지향적인 사람들과의 만남에 주의해야 한다. 대부분 일과 관련된 일상적인 만남이고 횟수가 많기 때문에 더 세심한 관심이 필요하다. 에너지가 급격하게 소진되는 시기인 마흔에는 서로 힘이 되는 사람들을 만나는 것이 더 중요하다. 사실 마흔이라면 그런 사람과 만남을 이어가기도 바쁘고 벅찰 시기다. 그러니 과거에 얽매여 현재를 도외시하는 사람들과 교류하느라 에너지를 소모해선 안 된다. 그런 사람에게는 미래를 향해 갈 수 있는 에너지가 없다.

그런 까닭에 마흔 이후에는 무작정 관계의 확대에만 치중했던 삼십대와는 달리 관계를 최적화해야 한다. 마흔의 통찰력과 지혜의 체로 촘촘히 걸러야 한다. 버릴 관계는 버리고, 골라야 할 것은 고르며, 다시금 만들어야 하는 관계는 새롭게 구축해야 한다. 물론 사람이 관계된 이상 버리는 것은 두렵고, 좁히는 것은 불안한 일일 것이다. 그렇지만 마흔에 들어서서 꼭 해내야 할 삶의 과제다.

삶의 정점인 마흔부터는 일과 상관없는 관계를 만드는 데 심혈을 기울일 필요가 있다. 안으로만 향하던 시선을 밖으로 돌려보는 것이다. 일로 이루어진 관계는 일이 없어지면 여지없이 사라지므로 직장 사람들 간의 관계에 인생 2막을 기대는 것은 매우 위험한 행동이다.

국내 어느 통신사의 분석에 따르면 개인이 통화하는 번호의 62퍼센트가 다섯 개 번호에 집중된다고 한다. 특히 오십대 이상에서 통화 집중도가 높게 나타났다는 것이다. 이는 무슨 의미일까? 어쩌면 명함이 만든 관계가 전부라 생각했던 안이한 마흔이 만든 결과가 아닐까?

자신이 구축한 실제 관계망은 생각하는 것보다 훨씬 좁다. 수많은 휴대폰 번호를 저장해놓고 그것이 자신의 관계라 자부했지만 은퇴 후에는 결국 다섯 개밖에 사용하지 않는다는 것은 참으로 슬픈 일이다. 직장에 있을 때 직장 밖의 관계를 구축해야 하는 이유다. 쉬운 일은 아니지만 관계를 구축해놓으면 인생 2막이 그만큼 넉넉하고 풍요로워질 것이다.

우선 일을 떠나 취미를 중심으로 한 관계망을 만드는 것이 좋다. 취미는 라이프스타일의 중심에 있다. 삶에 대해 같은 방식으로 생각하며 사는 사람과는 누구나 쉽게 친구가 될 수 있다. 취미가 같은 사람들과의 관계망은 즐겁고 활기차다. 삶의 기쁨과 행복이 될 가능성이 높다.

또 같은 꿈을 꾸는 사람들과 만나는 것이다. 꿈은 행복한 삶의 이정표가 아닌가. 같은 곳을 바라보며 가는 이들은 서로를 존중하며 귀히 여길 터다. 앞사람 혹은 옆의 사람을 통해 자신을 바로 보게 되며, 도반이 되고 평생을 함께하는 친구가 될 것이다.

그러나 관계망을 만들 때 꼭 새겨야 할 것이 있다. 과거에 연연하는 사람을 멀리하라는 것이다. 취미가 비슷하고 꿈이 같다 해서 관계망의 견실함을 보장하지는 않는다. 관계망의 구성원이 과거에 연연하며 과거의 잣대로 미래를 재단하는 사람들이라면 그 관계는 결코 오래갈 수 없다. 관계에 참여한 이들이 앞으로도 계속 성장할 수 있어야 튼튼한 관계망이 형성된다.

마흔의 고개에 접어든 이들은 10년 남짓의 시간 안에 많은 걸 해내야 한다는 의무감에 시달린다. 과거의 안타까움 혹은 자만심에 사로잡혀 있을 시간이 없다. 그러한 사람들의 푸념을 들어줄 여유는 더더욱 없다. 그들의 어제에 자신의 현재와 미래가 갇히게 해서는 안 된다. 적어도 일 밖의 사람들과 새로이 만든 관계라면 특히 그렇다. 이것이 과거에 연연하는 사람들을 멀리해야 하는 이유다. 다음의 글귀를 음미해보자.

오늘은 어제의 끝이자 내일의 시작이다. 사람들은 똑같은 오늘을 살고 있지만 자세히 관찰해보면 두 부류로 갈라진다. 어제의 끝을 사는 사람들과 내일의 시작을 사는 사람들이다. 과거를 부둥켜안고 사는 사람은 기껏해야 현재의 성공신화에 안주하는 데 그치기 마련이다.

– 김종래, 《칭기스칸의 리더십 혁명》 중에서

일 밖의 인맥이
중요한 이유

──────── 두 명의 사무실 동료가 구조조정의 칼날을 피하지 못하고 회사를 떠났다. 언젠가는 떠나야 한다는 것을 알고는 있었지만 그날이 이처럼 빨리 올 줄은 예상치 못했으리라. 그렇게 그들은 뼛속까지 시린 겨울바람의 세상에 내팽개쳐졌다.

불안과 두려움에 휩싸여 흔들리는 그들의 눈빛 속에는 심란함이 그대로 묻어 있었다. 20년 넘는 시간을 악다구니 써대며 버티고 지켜온 밥벌이 터전이었으니 어찌 그렇지 않겠는가.

그러나 두려움보다 더 답답하게 한 것은 실망감과 허탈이었다. 처음 들어올 때는 그토록 견고하고 화려했던 울타리가 나가는 이들에게는 너무나 허술했다. 더는 써먹을 데가 없는 볼품없는 몸이 되어 퇴장하는데 출구 쪽 울타리는 그야말로 부실하기 짝이 없었다. 금쪽같은 젊음의 시간을 모두 쏟아부으며 기댄 것은 회사가 자신을 지켜줄 것이라는 믿음이었다. 그런데 자신을 맡겼던 곳의 울타리가 금방이라도 허물어질듯 얼키설키 서 있는 모양이라니…. 분노와 더불어 허탈감이 저 밑에서 욱하고 솟구쳤다.

'내가 믿은 것이 고작 이 부실한 울타리였단 말인가! 왜 그토록 몰랐던가. 도대체 나는 무슨 생각을 하며 회사에 몸담았는가. 무엇 때문에 이런 날을 외면하며 지냈단 말인가!'

그럼에도 그들은 자신이 참 행운아였고 그동안의 도움에 진심으로 감사했다고 말했다. 오히려 남은 자들의 안위를 걱정하며 건투를 빈다는 말을 잊지 않았다.

어떠한 조직에서도 쓸모 있는 사람은 결코 떠나보내지 않는다. 아니, 필요한 사람은 어떻게 해서라도 붙잡는다. 조직은 무엇보다 이해타산이 빠른 이익집단이기 때문이다. 자신들에게 조금이라도 이익이 된다면 끝까지 품고서 마지막 한 방울까지 자양분을 빨아들인다. 반면에 이익보다 비용이 많아져 쓸모가 없는 상황이 되면 그럴듯한 명분을 내세워 가차 없이 뱉어버린다. '희망퇴직'이란 말이 친근하게 들리지 않는 이유다. 희망퇴직에서 '희망'은 어디 있는 걸까. 때와 장소도 가리지 않고 인정사정도 없다. 자신들의 생존을 위해서라면 누구의 목이든 칼날을 들이대는 비정함을 가진 곳이 조직이다.

마흔이라면 마지못해 떠나야 하는 시간이 가시권 안에 들어와 있다. 남아 있었으면 하는 사람과 나가주었으면 하는 사람을 감별하는 지점이 그리 멀지 않은 곳에 있는 것이다. 그런 까닭에 마흔 무렵에는 이러한 조직의 비정한 습성에서도 자유로울 수 있는 무언가를 준비해야만 한다. 허접한 울타리를 뒤로하고 떠나면서도 개탄하지 않을 수 있는 무언가를.

나는 오래전부터 다음과 같은 물음을 두고 답을 찾기 위해 고민했다.

'조직을 떠났을 때 당당하게 홀로 서기를 하기 위해 어떤 것을 준비해야 하는가? 쫓겨 떠나기 전에 어디서부터 시작해야 하는가?'

그 답을 떠나는 동료들의 굽은 등, 움츠린 어깨에서 찾을 수 있었다. 그들의 눈빛을 흔들리게 한 그 불안과 두려움에 길이 있었다.

사실 그들은 모두 현재의 일에서 한 번도 벗어나지 못했다. 자신이 가진 모든 자양분을 현재의 수요에 쏟아부으며 오랫동안 그곳에 머물렀을 뿐이다. 지금 올라탄 쳇바퀴를 열심히 돌리는 데 모든 에너지를 썼다. 때로는 지금 하는 일 대신 진정으로 원하는 일을 하고 싶은 마음도 있었겠지만 뛰어든 이는 없었다. 자칫 지금보다 못한 삶을 살게 될까 봐 시도도 하기 전에 포기했다. 그러는 사이 그들은 조직이라는 현실에 안주하는 '회사인간'이 되고 말았다.

현실 안주는 안락함을 가져다주지만 반대로 삶을 시들게 하는 마약과 같은 성분이 있다. 아무리 확고한 꿈을 품고 있고 뛰어난 능력이 있더라도 현실에 안주하는 순간 모든 것이 쓸모없게 된다. 겉으로는 싱싱해 보이지만 속은 이미 썩은 나무에 지나지 않는다. 그래서 현실에 안주하는 사람치고 인생 2막이 행복한 사람은 별로 없다. 가슴이 바짝바짝 타들어 가는 힘겨운 인생을 살게 될 가능성이 높다.

나 역시 몇 해 전까지만 해도 현실에 안주하는 삶을 살다시피 했다. 그러면서 느꼈던 것은 현실에 안주할수록 미래에 대한 불안과 두려움이 커진다는 것이다. 아이러니한 것은 불안과 두려움이 커질수록 편하고 익숙한 것만 하려 하고 늘 만나던 사람만 만나기를 고집하게 된다는 거다. 새로운 것을 익히길 좋아하지 않는 것은 당연지사고 모험이나 도전 같은 것은 애초부터 멀리한다. 이를테면 익숙하지 않은 것에 대해 고통을 더 느낌으로써 새로움을 회피하는 성향을 띠게 된다.

어느 조직이나 이런 사람들로 붐빈다. 사람은 서로에게 길들게 마련이다. 바로 옆의 동료들도 그들과 다르지 않다. 고만고만한 경험으로 남과 별반 다르지 않은 자신의 세계를 구축해놓고서 늘 만나는 익숙한 사람들과의 관계망 안에서 소중한 삶의 시간을 보낸다. 대부분 이것을 조직 생활을 잘하는 길이라고 여긴다. 최고의 생존 방법이라 착각하며 산다. 하지만 익숙한 인맥을 돈독한 관계망이라 착각하며 걸어가고 있는 이들의 끝을 추측하는 건 그다지 어려운 일이 아니다.

회사인간의 인생은 좋든 싫든 조직에서 부여받는다. 아무리 그곳에서 큰 보람을 찾았다고 해도 직함과 명함을 박탈당하는 순간 기댈 곳 역시 사라지고 만다. 익숙한 인맥은 어디까지나 조직 속에 있을 때까지가 유효기간이다.

대부분의 회사인간은 직장에서 떨어져나오는 순간 처량한 신세가 된다. 직장에 있을 때 수시로 울리던 휴대폰은 쥐 죽은 듯 고요해지고, 지인들에게 전화를 돌려도 마치 한통속이 된 것처럼 연결이 되지 않는다.

지금 마흔의 고개를 지나고 있다면 새로운 사람들을 만나고 정보를 교환하는 관계를 형성하는 데서부터 홀로 서기를 준비해야한다. 직장의 테두리 안에 있는 동안, 익숙한 인맥에서 벗어나 인생 2막을 위한 새로운 인맥을 형성해야 한다. 그러한 일에 시간과 노력을 아끼지 말아야 한다. 조직에서 나가게 될 때 살 길은 익숙한 인맥이 아니라 새로운 인맥에서 생겨나기 때문이다.

"회사에 있을 땐 근처에 있는 친구 사무실에 가서 신문도 보고 차도 마시고 했는데, 그만두고 나오니까 괜히 눈치가 보여 갈 수가 없더라고. 혹시라도 '갈 데가 없어 놀러 오나?' 하고 생각할까 봐서 말이지. 일할 때 회사 밖의 사람들을 사귀어놓는 게 좋아."

"아무리 생각해봐도 갈 데가 없어. 친구 만나는 것도 한두 번이지. 아주 괴로워. 물론 나오면 환경에 맞추어 살게 되기 마련이지만 그때는 이미 주위에 괜찮은 사람들이 사라지고 없지. 바깥에서 괜찮은 인맥을 새로 만들면 될 것 같지만, 절대 쉽지 않은 일이야."

직원 결혼식에서 1년 전에 회사를 떠난 선배를 만났다. 선배는 접시에 가득 담은 뷔페 음식을 앞에 두고서 한참이나 열을 올렸다. 직장에 있을 때 늘 외부 만남이 있어 외근을 자주 나섰던 선배가 그런 말을 하다니, 정말 아이러니였다.

직업의 세계에서 맺은 익숙한 관계는 저마다의 이해를 기반으로 형성된다. 내심으론 다들 지금 몸담고 있는 조직에서 나가는 순간 끝이라는 것을 잘 알고 있다. 그다지 결속력이 단단하지 못한 이유다. 때문에 익숙한 관계에 의지하고 있는 사람은 불안하게 마련이다.

인생 2막의 기초를 다지는 중요한 시기인 마흔에는 지금까지 갖고 있던 삶의 태도와 자세를 다시 평가하고 새로운 관계를 만드는 것에 심혈을 기울여야 한다. 쫓겨나기 전에 준비해야 할 것들은 이곳에서부터 시작해야 한다.

죽지 않고 새로워지는 것은 없다. 죽지 않으려 하기 때문에 새로워질 수 없는 것이다. 익숙한 관계의 다리를 과감히 불태워야 한다. 익숙한 관계는 나를 벼랑에서 떨어져 죽게 하는 썩은 동아줄과 같다. 썩은 동아줄을 곧장 새 동아줄, 즉 새로운 인맥으로 교체해야 한다.

익숙한 인맥과 결별하자. 대신 그 자리에 눈부신 인생 2막을 창조하는 데 힘이 되는 새로운 인맥을 형성하기 위해 노력하자. 남은 인생은 지금 당신이 만들어가는 인맥에 달렸다고 해도 과언이 아님을 기억해야 한다.

⌒

사람이 온다는 건

실은 어마어마한 일이다.

그는

그의 과거와

현재와

그리고

그의 미래와 함께 오기 때문이다.

한 사람의 일생이 오기 때문이다.

부서지기 쉬운

그래서 부서지기도 했을

마음이 오는 것이다 - 그 갈피를

아마 바람은 더듬어볼 수 있을

마음,

내 마음이 그런 바람을 흉내 낸다면

필경 환대가 될 것이다.

– 정현종, 〈방문객〉

∽

내게는 닮고 싶은
사람이 있다

조직의 울타리를 벗어나면 가장 먼저 부딪히는 현실적인 문제가 '먹고사는' 것이다. 이제껏 무리에 끼어 먹고사는 문제를 해결하고 무리의 뒤꽁무니만 쳐다보며 달려온 회사 인간이라면 더욱더 그러할 것이다. '무엇으로 먹고살 것인가?'라는 원초적인 물음은 어쩌면 조직을 떠난 이후 삶의 문제에서 시작과 끝인지도 모른다.

무리와 관계된 사람들만 만나고 먹고사는 문제만을 뚫어지게 들여다보며 지내온 이들에게 두려움의 산실인 은퇴는 보이지도 않을 만큼 먼 거리에 있었을 것이다. 하지만 결국 그 끝은 오기 마련이다. 무리에 섞여 안심하며 다른 사람과 별다른 차이를 만들어내지 않은 채 한 번도 무리를 벗어나본 적이 없는, 무리에 길든 은퇴자라면 뭘 해서 먹고살 것인가는 가장 두려운 문제일 것이다. 이것은 인생 2막을 준비해야 하는 마흔에 이르렀다면 결코 외면해서는 안 될 물음이다.

　제법 잘나가는 중소기업 임원으로 퇴직한 선배는 오늘도 강연이 있어 지방으로 이동 중이라고 했다. 지방 구청 공무원들을 대상으로 '리더십'과 관련된 주제로 강연이 계획되었단다. 늘 직원들 앞에 서서 얘기하는 것을 좋아했고 강의를 즐겨 하던 그는 퇴직하자마자 본격적으로 강연가로 활동하기 시작했다. 얼굴에 웃음꽃이 활짝 피었다. 무슨 일이든 즐기며 하는 성격이긴 했지만 강연만큼은 정말 좋아하는 것 같았다.

　선배는 늦깎이로 임원 대열에 합류했다. 다른 임원들이 이미 수명을 다해 떠나기 시작할 즈음 신임 임원이 된 것이다. 임원이 될 나이가 지났다는 말이 나돌아 마음고생도 많았는데, 당당히 승진했다.

　그 때문인지 선배는 전보다 더 많은 시간을 회사에서 보냈다. 이리 뛰고 저리 뛰는 그의 모습은 안쓰러웠고, 혹 건강을 해치지 않을까 불안하기까지 했다. 그렇게 일에 파묻혀 있으면서도 그가 놓지 않는 것이 있었다. 강의와 글쓰기였다. 무슨 일이 있어도 자신의 강의는 빼먹지 않고 챙겼고 바쁜 와중에도 틈틈이 리더십에 관련된 글을 썼다.

몇 번인가 외부 강의 요청이 들어와 출강을 하더니 어느 날 책도 출간하겠다며 출판사를 섭외하러 다녔다. 회사에서는 여러 말도 있었지만 선배는 개의치 않고 사내·외 강의에 열정적이었고 글쓰기에도 더 적극적이었다.

언젠가 선배는 이런 말을 했다.

"임원이 되었지만 은퇴 후에 무엇으로 먹고살 것인가를 생각하니 가슴이 꽉 막히더라고. 월급쟁이의 말로는 뻔하잖아. 벌어놓은 돈도 없지, 뭘 준비한 것도 없지. 정말 답답했어. 그래서 곰곰이 생각해봤지. 내가 잘할 수 있는 것이 뭐고 또 그것으로 먹고사는 문제를 해결할 수 있을지. 그게 강연이겠더라고. 조사해보니 이미 많은 사람이 뛰고 있었지. 하지만 나처럼 임원까지 한 사람은 별로 없었어. 이거면 됐다 싶었어. 비록 지금은 비싼 강연가는 아니지만 책을 몇 권 냈더니 제법 나를 강사로 불러주는 곳이 생겨나더라고. 그리고 무엇보다 강연은 내가 좋아하는 일이라 지치지도 않아서 매력 만점이야."

청춘과 열정을 다 바친 밥벌이 터전에서 구조조정과 명예퇴직이라는 서슬에 날개가 꺾여 오늘도 터전에서 쫓겨나는 나이 든 사람들. 그들이 두려워하는 모습에 슬퍼하고 아파하고 분노하며 나의 미래가 오버랩되고 있을 때 선배가 생각났다. 그의 눈 밝음이 새삼 부러웠다.

분주한 일상의 속도를 쫓아가느라 주변을 둘러보는 것마저 사치로 느껴질 때, 삶은 공허함이라는 감정을 밀어 넣는다. 그것은 속도를 줄이라는 신호일 텐데도 대부분의 회사인간은 좀체 알아채지 못한다. 수만 갈래가 시작되는 마흔의 길목에 들어서서야 조금씩 깨닫기 시작한다.

어디에서 시작해야 하고 어디로 향해야 할지 알지 못하는 혼란스러운 날들이 이어진다. 그러는 동안 자신은 날개를 가지고 있으면서도 한 번도 퍼덕거려보지 못한 볼품없는 한 마리 새가 되어 있음을 알게 된다.

'나는 무엇으로 먹고살 것인가?'

'무리 속에서도 나를 나답게 하는 것은 무엇인가?'

'어떻게 그것을 찾아낼 수 있을까?'

'어떻게 그것을 먹고사는 문제와 연결시킬 수 있을까?'

이 시대 마흔의 마음을 짓누르는 고민들이다. 대부분은 은퇴라는 도도한 강에 다다라서는 건너야 할 길을 찾지 못하고 우왕좌왕한다. 무엇으로 어떻게 넘어야 하는지를 모르는 것이다. 준비 없이 무리에 떠밀리다시피 쫓겨온 그들에게 방법이란 건 애초에 없어 보인다.

항상 예외는 있는 법, 무리 중에서 멋지게 일탈에 성공하여 강을 훌쩍 건넌 이들이 있다. 그 안에는 단연 돋보이는 한 명의 지도자급 인물이 있다. 이를테면 '최초의 펭귄(first penguin)'이다. 북극의 펭귄들은 바다에 뛰어들기 전에 머뭇거리는 성향이 있다. 바닷속에는 먹잇감도 있지만 바다표범 같은 천적이 있기 때문이다. 그런데 머뭇거리는 대부분의 펭귄 가운데 가장 먼저 바다로 뛰어드는 펭귄이 있다. 그러면 그때까지 머뭇거리던 펭귄 무리가 일제히 그 뒤를 따라 뛰어내린다. 이때 처음으로 뛰어든 펭귄을 '최초의 펭귄'이라 부른다.

마흔을 넘어서면서 먹고사는 문제로 고민을 거듭하고 있을 때, 나이 들수록 더욱 눈부신 인생을 사는 변화경영 전문가 구본형을 만났다. 조직인간의 암울한 미래를 예단하고 그것을 헤쳐나가기 위해 변화해야 한다며 이 땅의 마흔에 이른 가장들에게 절규하듯 풀어낸 그의 글을 만났다. 거기에 이미 길이 있었다.

그는 최초의 펭귄으로 불리기에 손색이 없었다. 배우고 싶었다. 아니, 섭렵하고 싶었다. '구본형 마법'에 걸려든 것이다. 난생처음으로 누구를 닮아야겠다는 생각을 해보았다. 나는 그 마법에 걸린 것을 부끄럽게 생각해본 적이 없다.

삶은 어떤 사람을 만나느냐에 따라 달라진다. 사람이 길이요, 스승이기 때문이다. 자신이 가고 싶은 길을 먼저 간 사람들을 가까이하면 그만큼 인생이 더 풍요로워지고 폭넓은 기회도 만나게 된다. 그래서 사람은 누구와 어울리느냐로 운명이 바뀌기도 한다.

무언가를 이루고 싶다면 이미 그 길을 간 사람과 가까이하라. 그것이 성장하기 위한 철칙이다. 그들과 만나면서 그들이 어떻게 이룰 수 있었는가를 생각하고, 그들의 경험을 자신의 양식으로 삼아 실력을 갖추고 성장할 수 있다. 그들이 이정표인 것이다.

거울 없이 자신의 얼굴을 보지 못한다. 선인들은 '타인은 자신을 비추는 거울'이라고 했다. 타인을 통해서 자신을 보는 것이다. 타인과 얘기를 나누는 가운데 나의 진정한 모습을 볼 수 있다. 좋은 경험과 지혜를 가진 이들과 만나는 것은 훌륭한 거울을 갖는 것과 같다.

롤모델과의 대화는 늘 느낌이 다르다. 세상을 대하는 태도가 확 달라지는 느낌을 받는다. 자신이 하루가 다르게 성장하고 있고 또 귀중한 존재라는 것을 새삼 깨닫게 된다.

선배의 발자국에 내 발을 얹으며 걷고 싶다는 생각을 꽤 오래 했다. 선배가 가는 길은 '구본형 마법'보다 더 현실적으로 와 닿았다.

은퇴 후에 만날 도도한 강을 건너는 법을 바로 앞에서 보여주고 있기 때문이다.

그의 뒷모습은 무척이나 싱그럽다. 열정의 에너지가 아지랑이처럼 뿜겨져 나온다. 무엇보다 즐거워하는 그의 얼굴에서 삶의 희열이 감지된다. 그는 강연을 하러 다니는 것을 '아내와의 강연 여행'이라 부른다. 지금 그는 동백꽃이 흐드러졌을 남도로 이동 중이다.

마흔이라면 은퇴 후 닮고 싶은 사람과 가까이하라. 어떤 사람들과 가까이하느냐에 따라 미래가 달라진다. 당신은 인생의 이정표가 될 만한 롤모델을 가졌는가? 만일 그렇지 않다면 그동안의 관계망을 다시금 살펴보아야 한다. 익숙한 관계를 끊고 그 빈자리를 은퇴 후 닮고 싶은 롤모델로 채워야 한다.

5장

인생 2막으로
당당히 들어서다

회사가 나를
끝까지 책임져줄까?

———————— 어떤 때는 밥벌이의 삶이 죽을 정도로 힘들다. 그럴 때면 붙잡고 있는 밥그릇을 걷어차 버리고 궁색하게 살지라도 아무 책임이 없는 자유로운 곳으로 떠나버리고 싶다. 하루하루의 신산함을 후려갈기고 가장이라는 굴레에서 벗어나 아무도 찾지 못하는 공간으로 숨어버리고 싶은 마음이 굴뚝같다. 하지만 아무리 힘들어도 현실에 서면 담장 밖으로 한 발자국도 내딛질 못한다.

마흔은 자신의 삶이 자신 혼자만의 것이 아니란 것을 잘 안다. 마흔의 몸은 자신만의 몸이 아니다. 그가 무너지면 그에게 모든 것을 맡기고 있는 가족들도 허물어진다는 것을 모를 리 없다. 그래서 모험하길 주저한다. 한 번도 밖으로 나가보지 않은 탓도 있지만, 무엇보다 나가서 뭘 할 것인지에 대해 뾰족한 안이 없기 때문이다. 밖을 기웃거리는 것조차 분수 밖의 일이라 여긴다.

그래서 이 땅의 마흔들은 앞선 무리의 꽁무니를 보고 달리는 들소 떼처럼 앞서 간 이들이 하는 대로 흉내 내며 사는 걸 그리 이상하게 여기지 않는다. 무리가 머물면 자신도 달리기를 멈춘다. 그것을 가장 안전한 행동으로 생각하며 한 치의 오차도 없이 무리와 똑같은 모습이 되는 것이다.

이러한 행동이 얼마나 위태로운 것인지를, 주변에서 사람들이 떠나기 전까지는 알지 못한다. 함께 밥을 먹던 선배들이 하나둘 사라져 자기 차례가 되면 그제야 불에 댄 듯 화들짝 놀란다. 담장 안에서만 살아온 회사인간이라면 대부분 예외 없는 현상이다. 무리가 보장해준 안온함에 취해 아무 준비 없이 살아왔다는 데 대해 그제야 땅을 치며 후회한다. 회사가 끝까지 자신을 지켜줄 것이라 믿었던 자신의 무지를 한탄한다. 하지만 시간은 되돌릴 수 없다. 깊은 한숨을 쉬며 앞이 보이지 않는 막막한 현실에 두려움을 느낄 뿐 후회만으론 아무것도 바꿀 수 없다.

"처음에는 죽을 만큼 힘들었어. 분했지. 무엇보다 창피하고 부끄러워어. 어떻게 회사가 이럴 수 있느냐는 생각에 잠도 못 잤지. 자그마치 수십 년을 일만큼은 누구보다 열심히 했는데 말이야. 나에게는 절대 이런 날이 안 올 줄 알았어. 하지만 가만히 생각해보니 준비하지 못한 내 잘못이 제일 크더라고…. 아직은 그럭저럭 견딜 만 해. 이젠 연락 오는 후배도 없지만 말이야. 큰놈이 대학교 졸업을 얼마 안 남겨뒀으니 그때까지는 버텨야지. 나같이 한심한 전철을 밟지 않도록 회사에 몸담고 있을 때 준비 잘해. 회사 너무 믿지 말라고. 후회할 땐 이미 늦어."

고된 현장 곳곳에서 함께 뛰며 팔팔하게 세상을 살았던 선배는 제대로 된 업무도 없이 한직으로 밀려났다. 대부분 선배가 구조조정의 칼날에 맥없이 두 동강이가 난 채 회사를 떠났지만, 선배는 아직 그 구석진 곳에서 버티고 있다. 한때는 회사를 호령하며 밤낮없이 뛴 그였다. 하지만 담장 안에서만 살아온 탓에 흐르는 세월의 물살에 속절없이 휩쓸린 것이다.

사실 지금의 마흔은 살자고, 행복하게 살자고 죽기 살기로 애써왔다. 하루도 허투루 보낸 적이 없다. 아침이면 천근만근 무거운 몸을 일으켜 하루를 시작했다. 신발을 신으면서 자신의 목소리와 자존심을 주머니에 꼭꼭 접어 넣었다. 그러곤 늦은 저녁 퇴근해서야 그것을 끄집어냈다. 하고 싶은 말이 목젖까지 치밀고 올라와도 참고 또 참았다. 조직이 원한다면 자기 생각을 낮추고 조직의 틀에 맞추었다. 온종일 이리 뛰고 저리 뛰다 파김치가 되어 어둠과 함께 되돌아와선 아침에 일어났던 그 자리에 다시 누웠다.

마흔이 될 때까지 누가 시키지 않았지만 하루도 빠짐없이 해온 일이다. 가족을 책임져야 한다는 가장의 절박한 책임감일 터다. 부양의 의무가 없다면 누가 이렇게 하겠는가. 그런데 어찌 된 일인지 이것이 도리어 자신을 벼랑 끝으로 내모는 원인이 된다. 그토록 애써 살아온 삶이 아이러니하게도 자신의 목에 칼을 들이대는 것이다.

답답하고 억울하겠지만 조직의 속성이 그래서다. 조직이 가장 두려워하는 것은 이제껏 써먹던 방법이 세상에서 더는 통하지 않게 되는 상황이다. 세상은 엄청난 속도로 변화하는데 과거의 생각에 갇혀서 옴짝달싹 못하는 것, 그러다 홀로 떨어져나갈 수도 있다는 것을 조직은 알고 있다. 그렇게 해서 사라진 조직이 얼마나 많았는가도 잘 알고 있다.

조직은 그런 최악의 상황에 부닥치지 않기 위해 노심초사한다. 그래서 택한 것이 변화다. 오로지 변화만이 살길이라고 외친다. 급변하는 환경에 대처할 수 있는 유연성을 기르고, 새로운 변화의 시대를 선도할 수 있도록 몸을 젊게 만들고자 안간힘을 쓴다. 만일 유연성과 젊음을 끝까지 유지할 수 있다면 조직은 결코 소속 조직원들을 외면하지 않는다. 조직은 조금이라도 도움이 되는 사람을 절대 내치지 않는 속성 또한 가졌기 때문이다.

하지만 조직원들은 자꾸만 나이를 먹고, 당연스레 몸과 마음이 굳어간다. 혼자라면 그나마 유연성을 기르고 젊어지기 위해 더 노력할 수 있을 것이다. 하지만 그들 뒤에는 부양해야 할 가족이 있기에 운신의 폭이 좁다. 조직의 눈치를 보면서 다른 무리와 경쟁하며 부양의 짐을 지고 가다 보면 자신의 자리를 지키는 것만으로도 힘에 부친다.

조직이 '원하고 바라는 것'보다 지금 당장 '먹고사는 문제'가 더 급하다. 이른 새벽에 출근하고 늦은 저녁에 돌아온다. 죽도록 일에 매달린다. 젊음과 유연성이 뒤떨어지는 이상 그렇게라도 해야 한다고 여긴다. 일만 잘하면 내침을 당할 일이 없다고 생각한다.

마흔이라면 대부분 그렇게 살아왔다. 부양의 의무를 다하기 위해 할 수 있는 수단이 그것뿐이었다. 한눈팔지 않고 오로지 일만 해댔다. 조직이 원하는 성과를 채우기 위해 몸부림을 쳤다. 그 덕에 성과를 채우지 못한 날보다 채운 날이 훨씬 많았다. 그것이 지금까지 버틸 수 있었던 힘이었다.

그런데 그렇게 아등바등하다가 어느 날 고개를 들어보니 저만치에서 끝이 보인다. 아직은 일이라면 뭐든지 더 할 수 있는데 조직은 있을 만큼 있었으니 자리를 비워줬으면 좋겠다고 한다. 말하자면 수지타산이 안 맞는다는, 성과는 있지만 드는 돈이 더 많다는 것이다.

일밖에 모르는 이들은 어쩔 줄을 모른다. 누구는 벌벌 떨며 어쩔 수 없이 담장 밖의 세상으로 나가고, 누구는 버틸 수 있는 날까지 버틴다. 뛰고 또 뛰었지만 그 결말은 안타깝게도 이러하다. 그런데 아이러니한 것은 이러한 모습들을 바로 코앞에서 생생하게 지켜보았음에도 사람들은 이전과 별반 다르지 않게 숨을 쉬고 밥을 먹는다는 것이다. 아무것도 보지 못했다는 듯이, 자신에게는 그런 일이 절대 일어나지 않을 거라는 듯이.

오지 않는 미래를 걱정하며 준비하는 이들은 소수에 불과하다. 대부분은 마지막까지도 준비에 소홀하다. 언젠가는 나가게 되겠지만 아직은 아니라는 생각으로 긴장 없이 산다. 가까운 현실의 문제들이 아직 시야에 들어오지 않은 먼 거리의 미래를 밀쳐냈을 것이다. 담장 밖 세상에 대해서는 한참 뒤에 알아봐도 늦지 않는다고 생각했을 것이다.

그 선배도 예외가 아니었을 것이다. 선배는 오늘도 사무실의 구석진 자리에서 아무에게도 안 보이는 투명인간이 되어 머물고 있다. 그가 할 수 있는 것이란 그저 투명인간처럼 서성이는 일이다. 그리고 무사히 월급날을 맞이하면 안도의 한숨을 내쉬는 것이다.

아직도 회사가 끝까지 지켜줄 것이라 생각한다면 빨리 착각에서 벗어나야 한다. 임원도 예외가 아니다. 더욱이 마흔이라면 지금 바로 후회 없는 앞날을 위해 준비를 시작해야 한다. 일 때문이라는 핑계로 담장 밖의 세상에 대한 관심을 멈춰선 안 된다. 모든 것에는 끝이 있다는 것을 인정하자. 그래야 벼랑 끝에 몰려 허둥대는 일을 겪지 않게 된다.

미래의 어느 날은
오늘의 내가 만드는 것

"어쩌다가 일이 이 지경이 되었을까?"

　소식을 접한 건 며칠간의 출장을 다녀오느라 잔뜩 쌓인 메일을 열어보면서였다. 낯익은 선배가 보낸 메일이었는데 후배가 구속되었다는 것이다. 한바탕 난리가 났다는 내용이었다. 사고 금액도 상상할 수 없을 만큼 컸다. 뉴스에나 나올법한 일이 바로 내 주위에서 일어났다는 충격에 한동안 멍했다.

　후배는 고객의 돈을 유치해서 수익이 날 수 있는 곳에 투자하도록 권유하는 일종의 금융브로커 업무를 담당했다. 선물상품에 많은 투자자를 끌어오고 거래를 하도록 하는 것이 그의 일이었다.

선물은 하루에도 원금의 서너 배가 넘는 수익과 손실이 발생할 수 있는, 리스크가 높은 금융상품이다. 부지런하고 붙임성 있는 성격의 후배는 계약직에서 출발하여 정규직으로 전환되었을 정도로 회사에서 인정을 받았다. 날로 성과가 좋다는 소식을 접할 즈음에 그와 헤어졌다(나는 그때 다른 계열사로 이동했다).

선배는 그렇게 승승장구한 것이 문제였다고 했다. 고객이 많지 않았을 때는 관리도 잘 되고 계획한 대로 투자유치 활동을 할 수 있었으나 고객이 늘어나자 관리의 누수가 시작되었다. 혼자 힘으로 짊어질 수 없을 만큼 규모가 커졌고 실적도 정점에 이르렀다. 그렇지만 회사에서는 후배에게 더 많은 요구를 했다. 그러면서 일이 생긴 거였다. 고객이 점차 이탈하자 실적이 기울기 시작했고 회사로부터의 압박도 심해졌다.

이때부터 후배의 고객관리는 엉망이 되었다고 한다. 계획 없이 오로지 기우는 실적만 쳐다보는 날들이 이어졌다. 고객의 돈에 손을 대기 시작한 것이 그즈음이었다. 책임지고 수익을 더 높여주겠다며 '일임매매'에 뛰어든 것이다. 쉽게 말해 고객의 돈을 일임받아 직원이 거래하고, 약속한 수익을 책임지고 돌려준다는 방식이다. 금융가에선 이것을 자살행위나 다름없다고 생각한다.

시간이 흐르자 후배의 의도와는 달리 손실이 걷잡을 수 없이 커졌다. 손실을 메꾸기 위해 또 다른 고객의 돈에 손을 댔고, 그러면서 사고금액이 눈덩이처럼 불어났다. 수습이 불가능한 상황이 되자 그는 모든 것을 포기하고 잠적해버렸다. 그제야 사건이 드러난 것이다. 후배는 대형 금융사고를 저지른 범법자가 되어버렸다. 아들과 딸을 둔 가장으로 갓 마흔이 되던 해였다.

　대부분 사람은 '미래의 어느 날'을 뚫어지라 바라보며 오늘을 살아간다. 하지만 그들이 바라보는 미래의 어느 날은 하루하루의 오늘들이 모여 도달하는 것이다. 이것이 바로 참고 인내하며 묵묵히 걸어가는 목적이며 또 오늘 하루 숨 쉬는 이유가 된다. 어쩌면 그것은 삶의 목적이자 존재의 이유일지 모른다.

　미래의 어느 날에 이르는 길은 사람마다 제각각이다. 누구는 기쁨과 열정으로 가득 찬 모습으로 걸어갈 테고, 또 누군가는 설움을 가득 짊어지고 고통의 거리를 걷고 있을 것이다. 지금 이 순간 자신의 모습은 그렇게 걸어온 한 걸음 한 걸음이 만든 결과일 터다. 만일 누군가가 미래로 가는 길을 제대로 알았더라면, 그래서 그렇게 살았더라면 지금 그의 삶은 상당히 다른 모습일 것이다.

　마흔에 이르렀다면 가장 먼저 미래의 어느 날에 이르는 지도를 다시 펼쳐보아야 한다. 이 길이 맞는지, 지금 무엇을 해야 하는지, 이렇게 사는 것이 올바른 삶인지를 꼽아볼 필요가 있다. 만족스럽지 않은 지금의 모습을 더는 끌어안고 살지 말아야 한다. 더 늦기 전에 가는 길을 바꿔야 한다(자신이 원하는 삶을 살고 있다면 그건 다른 이야기다. 그러나 마흔에 원하는 삶을 살아가는 이를 주변에서 별로 본 적이 없다).

미래의 어느 날은 우리 앞에 느닷없이 짠하고 나타나는 것이 아니다. 오던 대로 그냥 걸어가면 저절로 도착할 것이라고 장담해서도 안 된다. "오늘 아무것도 하지 않으면서 무작정 미래에서 성공을 빌려와서는 안 된다."

마흔이라면 이제껏 의존해왔던 낡은 지도를 펴놓고 미래의 어느 날을 다시금 조명해야 한다. 새로 난 길이 어디로 연결되는지 또 어느 곳이 바뀌었는지를 파악해 새로 그려 넣어야 한다. 그렇게 하지 않는다면 원하던 미래의 어느 날은 온데간데없고 빈손으로 낯선 곳에 서 있는 자신을 발견하게 될지도 모르니까.

사람들은 평가를 할 때 두 개의 잣대를 들이댄다. 하나는 가능성이고 다른 하나는 그동안 이룬 성과다. 보통 스스로를 평가할 때는 '어떤 것을 할 수 있는지'에 대한 가능성의 잣대를 들이대고, 타인을 평가할 때는 과거에 '어떤 것을 했는지'의 성과를 본다.

마흔은 지혜도 깊어지지만 세상을 대하는 데에도 새삼 눈 밝아지는 나이다. 밥벌이 터전에서 쫓겨나지 않는 최고의 비결이 바로 성과임을 온몸으로 깨닫는 때다. 그런 까닭에 스스로에 대한 평가보다 타인의 눈에 비치는 평가에 목숨을 걸기 마련이다. 가능성보다 성과에 먼저 눈이 간다. 하루하루를 밟아가는 과정보다는 당장 눈앞의 결과에 흥분하고 집착하게 되는 것이다.

마흔과 불혹의 상관관계가 가슴을 훑으며 사뭇 예사롭지 않게 들리는 것은 바로 이 때문일 터다.

몇 해 전 아들과 낙동강을 걷겠다는 야심 찬 계획을 세운 적이 있는데 그때 알게 된 사실이 있다. 낙동강의 시원(始原)은 태백산의 황지연못이다. 그런데 놀라운 것은 빗물이 태백산의 서쪽으로 떨어지면 검룡소로 모여 한강이 되고 동쪽으로 떨어지면 황지연못으로 흘러 낙동강이 된다는 점이었다. 황지연못은 동쪽으로 떨어진 빗물이 모인 곳이었다. 한 방울의 빗물이 어느 곳으로 떨어지느냐에 따라 서로 다른 강을 만드는 어마어마한 결과를 가져왔다.

계획이란 본래 이러한 성질을 갖고 있다. 계획은 모든 일의 시원이다. 어떤 계획을 세우느냐에 따라 결과는 천양지차가 된다. '계획에서 실패하는 것은 실패를 계획하는 것과 같다'는 말이 진부하지만 설득력 있게 들리는 이유이기도 하다.

무모하게 보이는 어떠한 도전도 그 성공의 바탕에는 만반의 준비가 있었다. 충분한 준비 시간과 용의주도한 계획을 따라가면 훌륭한 성과를 얻을 수 있고 불필요한 낭비를 줄일 수 있다. 그런데도 대부분 사람은 계획을 세우는 데 소홀하고 행동에 옮기기도 망설인다. 미래의 어느 날이 원하는 때에 내 앞에 나타나기를 바라기만 한다.

하루를 바꾸어놓지 못하면 삶의 변화는 없다. 만일 자신만의 계획으로 하루를 살지 못하면 자신이 원하는 미래의 어느 날은 요원하다. 하루하루들이 모여서 인생이 직조되기 때문이다. 지금의 모습은 계획된 지난 하루들이 한 땀 한 땀 수놓은 것이다.

후배는 아직도 녹슨 철문 안에 있다. 그의 마흔은 지금 고장 난채 서 있다. 후회를 뱉어내려 쿨룩쿨룩 기침을 해댈 테지만 입에서 튀어나오는 건 아직은 절망뿐이다. 그에게 내가 해줄 수 있는 건 없다. 오직 그가 스스로 땅을 딛고 빈손이나마 다시 일어서기를 응원할 뿐이다. 뿌리지 않고 거두기만을 바라는 어리석은 유혹에 다시는 휘둘리지 않기를 희망하는 것이 전부다.

마흔이라면 미래의 성공을 계획하고 지금 곧바로 행동해야 한다. 마흔은 늘 길 위에 있는 나그네다. 가장의 길은 아스라이 끝이 없다. 한 곳에 쉬어도 그것은 어디까지나 길 위의 쉼이다. 마흔의 삶이란 그런 것이다.

끝없이 펼쳐져 있는 의무의 삶은 외롭고 길다. 하지만 누구도 나 대신 밥벌이를 해줄 순 없다. 끊임없이 계획하고 행동해야 한다. 행동 없는 계획은 무의미하다. 행동이 뿌리를 내릴 수 없는 곳에서 어찌 결실의 꽃이 피어나겠는가.

　글을 쓰다 보면 백지 앞에 절망할 때가 한두 번이 아니다. 그야말로 '멘붕'이다. 그럴 때마다 난 사부에게 묻는다.

"어떻게 해야 글을 잘 쓸 수 있나요?"

　사부에게서 잠시의 망설임도 없는 대답이 돌아온다.

"노트북을 여세요. 그리고 자판을 두들기세요. 지금 바로요!"

울타리 안에 있을 때가
바깥세상 준비의 적기

───────── 회사가 유난히 소란스러웠다. 찬바람이 일기 시작하면 해마다 있기 마련이던 구조조정이 막 단행되려는 시점에 일 하나가 터진 것이다. 전혀 예상치 못한 일이었다. 구조조정 대상이던 한 선배가 급기야 약을 먹고 쓰러졌다. 회사를 못 나가겠다는 의사 표시로 하나뿐인 생명을 내던지는 방법을 택한 것이다.

그 일로 직원들의 술렁거림은 들불처럼 번졌다. 무성한 소문이 꼬리에 꼬리를 물고 이어졌다. 회사의 책임자가 수차례 병원을 다녀갔고 선배는 다행히 고비를 넘겼다는 말이 들렸다. 그런데 거세게 밀어붙이던 구조조정마저 시들해질 즈음 회사에서 더는 그를 볼 수 없었다.

얼마나 더 받았는지 아니면 소문대로 가짜 약을 마셨는지는 그다지 중요치 않았다. 그가 던진 메시지는 가슴 저 밑에서 서늘하게 차오르는 무엇이었다. 그동안 어렴풋이 상상하던 '회사인간'의 말로를 바로 코앞에서 선명하게 보았다는 거였고, 하나뿐인 생명도 던질 만큼 그들은 생각보다 강건하지 않다는 사실이었다.

"마흔에 이르기까지 언제 일분일초도 허투루 보낸 때가 있었으며 치열하게 살지 않은 이가 있는가? 비록 지금은 열정이 다소 식은 것을 인정하지만 그렇다고 나갈 정도는 아니지. 어디 다른 누구하고 붙여봐. 내가 일에서 질 것 같아?"

여전히 굳세고 얼마든지 일을 해나갈 수 있다며 뜻을 굽히지 않는 것은 마흔의 자부심이었다.

"가정적인 남자? 그것도 능력까지 겸비한 남자? 그 사람이 당신의 남편이었으면 하는 기대를 버려라, 제발. 세상에 그런 남자가 어딨어? 그만한 사람이었으면 당신 차지가 됐겠어?"

틈만 나면 일찍 들어오라고 볶아대는 아내와 언쟁을 벌이면서도 밥벌이를 위해 야근을 밥 먹듯이 하고, 퇴근 후에도 선후배와의 돈독한 교류를 위해 늦은 모임에도 빠지지 않았다. 회사에서 필요하다면 그 즉시 휴일조차 내놓는 건 부양의 의무를 짊어진 마흔의 기본이었다.

"걱정하지 말고 쉬다 와. 자네가 없으면 더디겠지만 나머지 일은 김 대리가 하면 되잖아. 휴가 시즌이 한창인데 갔다 와야지. 어디? 고향엘 간다고? 가거든 부모님께 안부 전해줘."

후배 직원들에게는 언제든 휴가를 쓰라고 하면서도 정작 자신은 윗사람 때문에 가지 못한 것도 중간관리자인 마흔의 책임감이었다. 휴가를 가더라도 일 때문에 제대로 쉬겠느냐며 한사코 자리를 지킨 것이다.

그런데 매몰차게도 나가라니. 바지에 붙은 덤불 훑어내듯 탈탈 털어대는 회사가 어찌 야속하지 않겠는가. 불이라도 싸지르고 싶었을 심정을 어찌 이해하지 못하겠는가. 약이 아니라 약보다 더한 것도 꿀꺽 삼켜버릴 것 같은 비분함을 왜 모르겠는가 말이다. 일에만 강하고 다른 것에는 너무나 겁약한 당신, 당신이 바로 마흔의 모습이란 걸 누가 외면하겠는가?

요즘은 바깥에서 들려오는 소리가 예전처럼 험악하지는 않다. 힘든 건 여전하지만 그래도 월급쟁이보다는 낫다는 얘기도 있고, 회사 다닐 때보다 훨씬 잘됐다는 얘기들이 예사로 들린다. 시대가 그렇게 흘러가고 있기도 해서겠지만 그만큼 나름의 노력을 기울인 덕분일 것이다.

"회사에 있을 때는 즐겁게 보내야지. 하지만 기회가 되면 나와. 월급쟁이 생활 때는 생각지도 못했던 일들을 할 수 있다고. 월급? 그거 별거 아니야. 그만큼 시간 투자하면 안 될 게 없어. 나 지금 아내하고 산책 중이야. 이것도 회사에 있을 때는 꿈도 못 꿨던 일 아냐?"

오전 열 시에 휴대폰으로 걸려온 선배의 목소리는 쌩쌩했다. 전 직장에서 내로라하는 성과로 이름을 드높였던 선배는 결국 이동한 계열사에서 성과가 부진하자 곧바로 사표를 냈다. 그리고 얼마 안 있어 보험 대리점을 하더니 점포가 확장일로에 있다.

선배는 늘 회사를 나가면 뭘 할까 생각했다고 한다. 틈만 나면 전 직장의 사람들을 만나면서 그들과 관계를 유지했고 그쪽 업계의 동향에 귀를 열어놓았다. 회사에 몸담은 채로 조금씩 준비를 한 것이다. 그러던 차에 회사에서 명예퇴직 신청을 받자 신청했고, 그때 받은 2년 치 연봉으로 대리점을 개업했다. 그리고 6개월이 지나자 어느 정도 자리가 잡혔다.

살아가는 것도 다양한 만큼 퇴직 순간의 모습들도 각양각색이다. 분노하며 삿대질을 해대는 이가 있는가 하면 억울해하면서 남은 동료들에게 인사조차 하지 않고 떠나는 이도 있다. 이들의 퇴사 후 삶을 추적해보지는 않았지만 순탄하지만은 않을 것이다. 마무리가 개운치 않다는 것은 끝을 생각하며 일해오지 않았기 때문이다. 끝을 생각하며 지금을 바라보지 않는 사람은 지금 자신이 하는 일을 천직처럼 여길 수 없다.

반면, 그동안 회사의 배려에 고마워하고 떠나서도 잊지 못하겠다며 퇴직을 담담하게 받아들이는 이도 많다. 이들은 어떻게 그럴 수 있을까? 무엇이 이들로 하여금 담담하게 받아들이도록 할까? 어쩌면 그들 특유의 목적의식이 있기 때문일 것이다. 열심히 일하는 것도 중요하지만 '삶의 목적'이 명확하면 길이란 건 언제고 바뀔 수 있음을 알기 때문이 아닐까 싶다. '왜 이 일을 하고, 무엇 때문에 하는지'를 분명하게 안다면 회사는 삶의 수단일 뿐 유일한 목적이 되진 않을 것이다. 그런 이들이 회사에 연연할 리 없다. 이미 끝을 자주 생각해보았기에 미련도 적을 수밖에 없다.

사십대라면 대부분 20년 가까운 직장 생활을 했다. 다시 말해 20년이란 기간 동안 회사에서 능력을 인정받은 거나 진배없다. 투자가치가 고용비용을 넘어 타산이 맞았다는 얘기다. 마흔 문턱에서 고려해야 할 점은 이후에도 이 계산이 적용될 수 있느냐 하는 것이다. 계산은 너무나 간단하다. 부족하다면 지금부터 가치를 높이면 되고 아직 남는다면 끝을 생각해보는 여유를 가지면 된다.

마흔 이후에는 자신만의 스토리를 만들 필요가 있다. 자신이 만든 스토리로 투자가치를 생산해야 한다. 들려줄 감동적인 얘기가 없는 사람에게 손을 벌리는 투자처는 없다. 이제껏 정해진 길과 규칙 속에서 걸어왔다면 이제부터는 과감히 벗어나야 한다. 세상이 정해놓은 규칙을 쫓아가는 삶에 어찌 자신만의 향기가 피어날 수 있겠는가. 누군가의 등불이 되는 강렬한 삶의 스토리가 자랄 수 있겠는가.

이에 앞서 또 하나의 문제가 있다. 자신만의 스토리, 도대체 그게 무엇이냐 하는 것이다. 뭘 어떻게 해야 만들 수 있느냐는 거다.

중요한 건 자신감이다. 자신감이란 처음부터 잘할 수 있어서 생기는 것이 아니라 하다 보면 생긴다. 그동안 갖게 된 뚜렷한 삶의 목적, 투자가치를 생산한 경험과 지혜는 마흔 무렵에 새로운 삶을 준비하는 데 커다란 자신감으로 작용할 것이다.

인생에 정답은 없다. 스스로 정하고 선택한 것이라면 그것이 무엇이든 뚜벅뚜벅 가는 것이 정답에 가깝다. 1만 시간이나 10년을 투자하면 다시금 투자가치를 생산할 수 있다는데, 안 되면 5천 시간이라도 투자해야 한다. 낯선 길이기에 걸어간 만큼 발자국이 찍히기 마련이다. 그 정도 노력한다면 발자국에 자신만의 감동적인 스토리가 묻어나지 않겠는가.

마흔이면 언젠가 자신의 투자가치가 더는 쓸모가 없어졌을 때, 더는 출근할 곳이 없어졌을 때 과연 무엇을 하며 새로운 가치를 생산할 수 있을까를 생각해두어야 한다. 소모되어 폐기되는 조직의 부품이 되지는 말아야 한다.

닥치면 그때부터 준비하면 되지 않느냐며 안일하게 생각하는 사람도 분명 있을 것이다. 하지만 이는 실로 어리석은 생각이다. 그렇게 해서 그럴듯한 집을 지을 수 있으리라는 것은 엄청난 착각이다. 닥치는 대로 아무 생각 없이 짓노라면 문이 없는, 집 같지도 않은 집이 만들어질 가능성이 짙지 않겠는가.

공부하는
마흔이 되어야 한다

───────────── "우물 안 개구리에게 바다 이야기를 할 수 있 겠는가? 여름 한 철에만 사는 벌레에게 얼음 이야기를 할 수 있겠 는가?"

중국 고대 사상가 장자는 앎의 한계가 있으면서도 그것을 모르 는 사람들을 빗대어 의미심장한 메시지를 남겼다. 우리가 알고 있 는 우물 안 개구리의 연원이 이것이다. 장자는 앎의 중요성을 얘 기하면서 넓은 세상을 있는 그대로 보기 위해 일생일대의 도약을 감행하라고 강조한다. 앎에 대한 갈구이고 앎의 중요함에 대한 절 규일 것이다.

마흔 무렵이면 앎에 대한 소회가 어느 시기보다 절절하다.

'학창 시절에 좀 더 다양한 경험을 했더라면…'

'많은 책을 읽고 조금만 더 많은 여행을 했더라면…'

'젊었을 때 좀 더 훌륭한 사람들을 만나고 깊은 인생 얘기들을 들었더라면…'

평소 마음에 품고 있던 앎에 대한 생각들이 무심히 튀어나온다. 만일 그러했더라면 그다음이 어떻게 되었을지 상상하는 건 그리 어렵지 않을 것이다. 지금의 밥벌이 터전에서 겪는 갖은 서러움이 단연 덜했을 것이다. 경쟁에 밀릴 것 같은 불안은 말할 것도 없고, 죽으라 뛰어야 하는 가장의 부양 의무에도 훨씬 더 편하게 충실할 수 있었겠지.

물론 마흔이 되어서 앎에 대한 소회가 절절한 것은 이미 지나가 버린 시간에 대한 후회 때문만은 아니다. 그것은 기대에 못 미치는 현실 앞에서 자꾸만 왜소해지는 자신의 모습이 못마땅한 것일 테고, 지금의 형편도 녹록지 않지만 앞으로의 삶도 대책 없이 막막하기는 매한가지여서일 것이다.

그런 까닭에 통제되지 않는 푸념이 새어나오는 것이다. '지금에 와서 뭘 어떻게 하겠어? 이 나이에 뭘 더 할 수 있겠어?'라는 체념 섞인 자학이 때를 놓친 후회와 범벅되어 설움처럼 솟구치는 것이다. 그러나 감정은 아무런 실체가 없다. 푸념은 두려움의 다른 감정일 뿐이다. 실체가 없음에도 생각과 감정에 눌리면 누구도 쉽게 헤어나지 못한다.

마흔은 결코 앎의 때를 지나버린 나이가 아니다. 마흔을 넘어 시작해서 성공적인 삶을 사는 이가 얼마나 많은가. 만일 새롭게 도전하기를 두려워하고 변화를 싫어한다면 앎으로써 자각해야 한다. 자각할 때 심안과 혜안이 열리고 한층 성장할 수 있기 때문이다.

잘 아는 마흔 중반의 한 지인은 요즘 공부에 푹 빠져 있다. 잠시도 손에서 책을 놓지 않는다. 주말이면 텔레비전 앞에서 리모컨을 들고 빈둥대던 그의 옛 모습은 찾아볼 수 없다. 애지중지하던 소파도 없었다. 대신 넓은 서탁이 놓였고, 그 위에는 탐독 중인 책들이 수북이 쌓였다. 학생도 아닌 그가 학창 시절보다 더 많은 시간을 '지식 쌓기'에 쏟고 있는 것이다. 해가 지나도 하나도 나아지지 않는 자신의 처참한 모습에 충격을 받은 것이 실마리가 되었다고 한다.

몇 해 전 어느 날, 그는 한 해의 전략회의를 끝내고 퇴근해서 늘 하던 대로 쉬고 있었다. 전략발표를 듣던 상사의 표정이 그리 밝지 않아 신경이 쓰이긴 했지만 별로 대수롭지 않게 생각했다. 나름대로 최선을 다해 전략을 짰기 때문이다.

그러다 우연히 뿌연 먼지를 뒤집어쓴 채 책장에 꽂혀 있는 한 해 전 업무노트를 꺼내 들게 되었다. 먼지를 걷어내고 무심히 몇 장을 넘기다 한곳에 시선이 딱 멈췄다. 지난해 전략회의 때 내놓은 아이디어들이 정리되어 있었다. 그는 소스라치게 놀랐다.

"세상에! 그날 회의에서 발표한 내용이 한 해 전에 했던 내용이랑 똑같았던 거예요. 세부 사항도 별 차이가 없고 말이죠. 정말 어이가 없었어요. 전에 강조했던 부분도 그대로 쓰였고 아이디어라고 내놓은 것도 별반 다르지 않더라고요. 내가 왜 동기들보다 진급이 늦는지 그제야 알게 되었지요. 정말 충격이었습니다."

밖으로 쏟아내는 것이 들어오는 것보다 많으면 이내 밑천이 달리게 마련이다. 이것은 직장인에게 치명적 결함이다. 지인이 책을 집어든 건 그때부터였다. 갓 마흔이 되던 해였다. 그는 닥치는 대로 책을 읽었다. 답답해서였다. 반복되는 굴레를 뛰어넘고 싶었다. 무엇보다 자신을 바꾸고 싶었다.

배움은 알지 못하고 받아들이지 못하던 곳으로 제 발로 찾아가는 것이다. 낯선 곳, 낯선 문화, 낯선 삶을 수용할 수 있도록 새로운 가슴을 만나는 것이다.

그는 먼저 일에 써먹을 수 있는 업무 관련 책을 중심으로 읽었다. 리더십 관련 서적은 빼놓지 않고 찾아서 손에 들고 다녔다. 'CEO

들의 필독서'라고 추천된 책은 아무리 시간이 없어도 읽기를 멈추지 않았다. 그러다가 서서히 인문학과 철학까지 영역을 넓혔다. 점차 시야가 넓어지고 변화가 있음을 스스로 느낄 즈음이 되어서야 그는 그간의 얘기를 들려주었다.

인생의 절정기인 마흔이 되어서도 지식 쌓기를 게을리해서는 안 된다. 배움의 끈을 놓는다는 것은 삶을 방기하는 것과 별반 다르지 않다. 살다 보면 삶의 문제들이 산더미처럼 밀려든다. 특히 마흔 이후부터는 두 어깨가 떨어지라 짓눌린 부양의 책임뿐 아니라 헤쳐나가야 할 과제들도 수시로 닥친다. 모든 것을 포기하고 주저앉고 싶을 때가 어디 한두 번이랴. 아무도 모르는 곳으로 도망쳐 꼭꼭 숨어버리고 싶을 정도로 절망의 끝까지 쫓길 때도 많다.

지혜가 필요한 것은 이 때문이다. 문제를 헤쳐나가는 데 지혜는 열쇠의 역할을 톡톡히 한다. 온갖 자물쇠의 형태에 따라 달라야 하는 열쇠를 융통성 있게 제작할 수 있는 것은 지혜밖에 없다. 지혜 없이 마흔의 강을 건너려고 하는 것은 매우 위험한 일일 수 있다.

그럼 어디서 지혜를 구해야 하는가? 그리고 어떻게 해야 갖출 수 있는가?

마흔이라면 그동안 수많은 일들을 몸소 겪으며 살아왔을 것이다. 땀방울을 쏟으며 의욕적으로 이곳저곳을 분주히 뛰어다녔을 것이다. 때론 엉뚱한 열쇠로 자물쇠를 여느라 헤매기도 했을 테고, 어떤 때는 너무나 빨리 자물쇠를 열어 횡재의 기쁨을 누리기도 했을 것이다. 삶이란 꼬이고 얽이면서 제 몫을 사는 것 아니냐고 목청을 높이면서 말이다.

지혜는 이처럼 다양한 경험의 밭에서 자라기 마련이다. 단, 그 밭고랑에 지식의 씨를 촘촘히 뿌렸다는 대전제를 깔고 있다. 폭넓은 경험이라는 밭에 지식의 씨를 뿌렸을 때에야 지혜의 열매가 열리는 법이다. 경험이라는 하나하나의 구슬을 지식이라는 꿰미에 꿰어야 지혜라는 보배가 되는 것이다.

산삼을 구하고자 산천을 헤집고 다니는 심마니가 산삼에 대한 지식이 전혀 없다면 어떻게 될까? 아마도 산삼을 구하기는 하늘의 별 따기만큼 어려울 터다. 수학에 대한 지식이 전혀 없는 사람이 어떻게 미분·적분을 다루겠는가. 지혜를 갖추려면 당연하게도 먼저 지식을 쌓아야 한다.

대부분의 성공한 사람은 그들만의 특징을 가지고 있다. 간혹 배경이 눈부시게 화려한 예도 있지만 그것들이 성공의 진정한 이유는 아니다. 성공을 향한 그들만의 욕망이 분명히 존재했다. 경쟁에서 이기고자 하는 탐욕과 질투가 있었다. 그것들은 끊임없이 모방하고 훔치게 하고 배우고 익히게 했다. 아는 것이 우선이었고 아는 만큼 강해졌던 것이다.

마흔이라면 자기의 일에서만큼은 성공해야 한다. 자신의 삶과 시간을 오롯이 쏟아부은 밥벌이 터전에서는 최고라는 소리를 들어야 한다. 일 잘하는 사람이라는 평가를 얻으려면 빈틈없이 일하는 것보다는 뭐든지 다 잘하는 제너럴리스트가 되어야 한다.

이것은 일반적으로 얘기하는 넓은 영역의 지식을 갖추는 제너럴리스트가 아니다. '넓지만 깊은 지식'을 갖추는 것을 말한다. 지금 맡은 분야에 뛰어나면 그 분야의 전문가가 되고, 그곳에서 얻은 노하우를 다른 분야에 적용해서 거기서도 전문가로 인정받는다. 이러한 과정을 반복하면 여러 분야의 전문가로서 '넓고 깊은' 제너럴리스트가 되는 것이다.

지인은 요즘 자신이 맡은 분야에서 최고라는 소리를 들으며 승승장구하고 있다. 최근에는 본사의 요직으로 발령받아 회사로부터 실력을 더욱 인정받으며 지내고 있다. 오그라졌던 어깨도 뒤로 쫙 펴졌다.

언젠가 그는 내게 이렇게 말했다.

"1미터를 날던 독수리가 5미터 날기까지는 정말 많은 연습이 필요하지만, 5미터 날던 독수리가 100미터 나는 것은 한순간에 이루어지지요. 공부 그거, 처음에는 힘들어 죽을 지경이었어요. 그런데 그것을 넘어서니 제대로 속도가 붙더라고요. '숫자의 힘'에 좌우되는 일터에서 현명해지는 법은 어떤 일이든 넓고 깊게 아는 겁니다. 아는 만큼 인정받고 성장하게 되지요."

인정받는 사람들의
세 가지 특징

——————— 안주를 시켜놓고서도 손도 대지 않은 채 몇 순배가 돌았다. 얘기다운 얘기는 없이 잔만 연거푸 들이키고 있다. 반갑다는 인사를 빼면 친구들의 표정 어디서도 오랜만에 만난 사람들이라는 느낌은 없었다. 만나야 할 이유가 없는 것 같은 분위기였다. 후줄근한 옷차림에 다들 인상도 그 모양이었다. 한동안 마흔의 푸념들만 오갔다.

그러다 결국 벌겋게 상기된 한 친구의 술주정이 조용하던 술판을 깼다.

"다 된 밥에 코 빠뜨린 거야. 조금만 더 거들었어도 지점장이 될 수 있었는데. 그거 다 앞뒤가 다른 상무 그놈 때문이야. 야근에다 주말 근무에다 그렇게 일을 해댔는데도 늘 더 부탁한다고 하더니만 결정적인 순간에 외면을 해? 내가 죽으라 일한 덕에 자리 보전하고 있다는 거 다 알면서 말이야. 어떻게 그럴 수가 있어? 내가 뭘 잘못했다고 그러냐 말이야!"

은행에 다니는 그 친구는 이번 지점장 승진에서 또 누락되었다. 지난해 고배로 한동안 흔들렸지만 겨우 마음을 다잡았다. 그런 후 절치부심 벼르고 별렀는데 올해 또 행운의 화살이 비켜 간 것이다. 야근을 밥 먹듯이 하고 주말까지 회사에서 살다시피 일에 매달렸는데 어찌 된 일인지 올해에도 승진하지 못했다. 들리는 얘기로는 세 살이나 아래의 새까만 후배가 그를 앞질러 지점장이 되었다고 했다.

마흔의 삶을 산다는 건 부양의 의무에 목숨을 걸고, 사회적 지위를 얻고자 온몸을 불사르며, 밥벌이 터전에서 밀려나지 않기 위해 치열한 경쟁에 두 다리를 걸치고는 찢어지라 아등바등 애쓰는 것이다. 해도 해도 끝나지 않을 것 같은 가장이란 책임의 굴레를 쓰고 절규하는 처절한 몸부림이다.

마흔이라면 누구에게나 시간이 지남에 따라 삶에 굴곡이 지기 마련인데, 그 이유가 바로 이것이다. 굴곡을 만드는 처절한 몸부림이란 다름 아닌 일과의 싸움이다. 모든 이들의 삶에서 자신만의 굴곡이 만들어지는 건 운명의 탓이라기보다는 지금 하고 있는 일의 결과인 것이다. 일의 성공과 실패에 따라 삶이 출렁거리고 오르막과 내리막이 생긴 것이다. 최고의 순간과 최악의 시기에는 여지없이 '일의 성패'가 자리하고 있다.

마흔 무렵은 대체로 조직의 장이 될 나이다. 신입사원에서부터 차근차근 밟아 어렵사리 그 자리에 올라섰을 테고, 작은 일에서 엄청난 일까지 몸으로 익히며 내공을 쌓았을 것이다. 그런 까닭에 그들에게는 전문가다운 자태가 물씬 풍긴다. 눈을 감고 원하는 물건을 집어들 수 있을 정도로 앞으로 닥칠 일들을 세세히 떠올릴 수 있다. 조직의 일이란 것이 대부분 해마다 반복되기 마련이어서 더욱 그러하다.

문제는 이러한 익숙함과 반복의 틈바구니를 뚫고 나태와 타성의 가면을 쓴 실패가 자란다는 점이다. 지금의 익숙한 일을 깔고 앉아 오래도록 버티기만 하면 되는데, 지칠 줄 모르고 쌓이는 일들을 쳐내기도 바쁜데 굳이 다른 방법을 찾을 이유가 있겠는가.

익숙함과 반복은 곧바로 성과를 주지만, 아이러니하게도 그것이 끝내는 실패를 부른다. 어제의 틀 안에서 익힌 익숙한 방법으로 내일의 문제를 해결하려고 하기 때문이다. '인풋'이 바뀌지 않으면 절대 '아웃풋'은 달라지지 않는다. 더 나은 성과는 어제와 다른 방법만이 줄 수 있는 옵션과 같다.

  능력이 출중한 몇몇 후배는 직급 체류기간을 앞당겨 승진한다.
이를테면 발탁이다. 지금 회사로부터 인정받고 있는 선배들도 그
랬다. 그들은 무언가 달랐다. 한 공간에서 같은 시간을 보내며 동
일한 상사 밑에서 일했지만 성과가 극명하게 갈렸다. 무엇이 그렇
게 만들었을까? 이유가 무엇일까?

  일 잘하는 사람들은 대체로 다음과 같은 특징이 있다. 감원의 칼
바람이 불어도 별 상관없이 밥벌이 터전에서 오래도록 남아 성장
해야 하는 마흔이라면 알아둘 필요가 있다.

  먼저 이들은 '그건 꼭 이 방법으로 해야 한다'며 쓸데없이 고집을
부리지 않는다. 얽매인 고정관념이 별로 없다. 일률적이고 단편적
인 프레임을 갖는 것을 거부하는 특징이 있다. 세상은 어떤 각도
에서 바라보느냐 어떤 색깔의 안경을 쓰느냐에 따라 완전히 달라
진다는 것을 알고 있는 것이다.

  빛의 속도만큼 빠르고 복잡한데다 미로처럼 얽힌 변화무쌍한 시
대에 지난날처럼 "땀 흘리고 있는 거 안 보여!"라며 부지런을 떠
는 것만으로는 좋은 평가를 받을 수 없다. 그런 시대는 이미 옛날
에 지나갔다. 시대가 바뀌고 일에 대한 관점이 달라졌다면 당연히
일 잘하는 사람에 대한 인식도 변해야 한다. 어제의 방법이 오늘

의 성공을 보장해주는 시대가 아니다. 과거의 것이 모두 나쁜 것은 아니지만 그렇다고 오늘의 문제를 해결해줄 유일한 방법이라 맹신해서는 안 된다.

다음은 시간을 효율적으로 사용할 줄 안다는 점이다. 이들에게는 일에 집중하는 시간이 별도로 있다. 그건 매우 감각적이다. 일의 형태에 따라서 유연하게 시간을 확보한다. 아침형, 저녁형이라고 구별하기보다는 그 일을 할 때 언제 집중하는 것이 좋은지를 선택하는 데 탁월하다.

예를 들어 무거운 쇳덩이로 된 커다란 원판을 돌리고자 할 때는 초반에 온 힘을 쏟는다. 원판이 서서히 돌기 시작했지만 아직 느리다. 여전히 힘을 준다. 원판이 가속을 받을 때까지 있는 힘을 다 쓴다. 얼마 지나지 않아 가속을 받고 속도의 임계점을 넘어서면 이젠 원판이 스스로 돈다. 이때부터 힘은 거의 들지 않는다. 속도가 떨어지면 힘을 조금만 써도 원판은 쉽게 속도를 회복한다. 언제 어떤 때에 집중해야 하는지 아는 것은 일을 잘하는 데 매우 중요한 능력이다. 이것은 이들에게만 볼 수 있는 차별화된 특징이다.

마지막으로 자신의 약점보다 강점에 더 관심을 둔다. 마흔 무렵에 이르면 이 말에 가공할 만한 힘이 실려 있음을 실감하게 된다. 뇌 과학자들의 연구에 의하면 마흔이 넘으면 순발력과 기억력은 다소 떨어지지만 어떤 현상을 이해하는 능력과 깊은 생각을 통해 해결법을 모색하는 통찰력은 젊을 때보다 훨씬 좋아진다고 한다.

일을 잘하는 사람들은 이러한 자신의 강점을 활용하는 데 주저함이 없다. 가장 단단한 곳에다 기둥을 세우고 강점 위에 모든 것을 건설한다. 그것이 출중한 성과를 만들어내는 방법임을 몸으로 체득했다. 마흔을 넘겼어도 창의적인 아이디어로 승승장구하는 이들은 대체로 이러한 특징을 가지고 있다.

그래서 이들은 어떤 일을 시켜도 출중한 성과를 낸다. 조직 내에서 점차 큰일들을 맡는다. 조직은 항상 능력 있는 사람을 골라내어 자신의 호위대로 무장시키는 강한 습성을 갖고 있기 때문이다. 어떠한 상황에서도 쓸모가 있다면 버리지 않는다.

친구는 아직도 탈락의 충격에서 벗어나지 못하고 있다. 기대는 항상 기대되는 만큼의 에너지를 품고 있다. 그런데 이루어지지 않고 무너졌으니 그만큼의 에너지를 쏟아내야만 한다. 실망 또는 절망의 차례다. 승진에서 누락한 것도 한몫했지만 그를 더 아프게 한 것은 상사에게 가졌던 신뢰가 깨졌기 때문인 것 같았다.

왜 그리되었는지 구체적인 이유를 알 길이 없다. 친구는 어렴풋이 알고 있는 것도 같았지만 말을 하지 않는다. 다만 추측할 뿐이다. 그가 탈락의 고배보다 상사의 외면에 더 신음하는 이유가 뭐겠는가. 많은 일을 시켰던 상사가 왜 외면했겠는가. 안타깝지만 이것 또한 스스로 감내하고 이겨내야 할 삶의 굴곡일 터다.

"물의 리듬을 타지 못하면 물과 함께 흐를 수 없고, 노래의 리듬을 타지 못하면 노래를 잘 부를 수 없다."

수영을 빨리 배우는 사람은 온종일 물에서만 살지 않고, 노래를 잘 부르고자 한다 해서 온종일 노래만 부르지 않는다. 어떻게 하면 더 빨리 배울 수 있고 더 잘할 수 있는지를 고민하며 새로운 방법을 찾는다. 무턱대고 땀만 흘린다고 되는 것이 아니라는 것을 알기 때문이다.

책을 읽다 가시가 성성한 우스갯소리 하나를 만났다.

가로등 아래서 한 남자가 열심히 뭔가를 찾고 있었다. 지나가던 다른 남자가 다가가서 뭘 찾느냐고 물었다. 그러자 그가 "내 열쇠를 찾고 있다"고 대답했다. 두 사람은 함께 찾기 시작했다. 한참 후에도 열쇠를 찾지 못하자 함께 찾던 남자가 "여기서 잃어버린 게 맞나요?"라고 물었다. 그러자 열쇠를 잃어버린 남자는 "아니, 저쪽에서 잃어버렸지요"라며 어두운 쪽을 손가락으로 가리켰다. 그러면서 이렇게 덧붙였다. "하지만 저쪽은 가로등이 없어서 아무것도 안 보여요."

슬픈 얘기지만 마흔은 일에서 존재감을 찾는 나이다. 존재감이 곧 자신감이요 능력으로 인정되기 때문이다. 마흔이라면 엉덩이로만 일해서는 안 된다. 머리로 일할 수 있어야 한다. 그동안 쌓은 깊은 지혜와 다양한 경험을 잘게 썰어 자양분으로 써야 한다. 어떠한 굴곡에도 쓰러지지 않는 강건한 마흔은 결코 그냥 주어지는 것이 아니다.

가끔 노트를 가득 채운 일의 목록을 보며 나 자신에게 물어본다.

'다른 방법은 없는가?'

'혹 땀만이 해결책이라고 고집하는 건 아닌가?'

'과거의 잣대로 오늘을 재단하며 애쓰고 있지는 않은가?'

지금 나의 경쟁상대는
어제의 나

"직접 저렇게 해놓은 건가요?"

"무엇 때문인가요? 무슨 특별한 이유라도 있습니까?"

대부분 방문객이 사무실 안쪽에 있는 내 집무실에 들어오면 앉자마자 내뱉는 첫마디다. 간혹 어떤 이들은 조금 다르게 묻기도 한다.

"뭔가 심오한 뜻이 있는 것 같아요. 재밌는 얘깃거리가 있는 것 같은데 좀 들려주세요."

표현은 다르지만 숨겨진 스토리를 내놓으라는 채근이라는 점에서는 같다.

이는 오래전부터 거꾸로 걸어놓은 벽시계를 보고 보이는 반응들이다. 벽시계 옆에는 '더 이상 다른 방법은 없는가?'라는 글귀도 큼직하게 써 붙여놓았다. 처음 보는 이들은 거꾸로 걸려 있는 벽시계를 보고 호기심을 참지 못한다. 그러다가 곧바로 옆에 있는 큼직한 글귀와 무슨 관계가 있는지를 묻는다.

사실 이렇게 한 이유가 따로 있기는 하지만 애초의 목적보다 효과가 훨씬 크다는 게 뜻밖이었다. 보통 비즈니스 관계로 만나 인사를 건네면 자연스레 다음 얘기를 이어가기가 어렵다. 그런데 내 집무실에서는 시계와 글귀에 대한 호기심이 말문을 트이게 하는 역할을 해주므로 대화를 진행하기가 수월하다. 또 한 가지는 나를 다르게 본다는 것이다. 말하자면 겉으로 비치는 모습으로는 생각 없이 괄괄한 사람이라 여겼는데 이것을 보고 나면 '어라, 한 방이 있는 사람이네?'라며 놀란 듯 다시 보게 된다는 거다.

이유야 어쨌든 거꾸로 걸린 벽시계와 큼직한 글귀가 애초의 목적보다 좋은 일을 더 많이 불러온 건 고마운 일이다. 여전히 나를 건재토록 하는 마법의 선택이었음을 인정하지 않을 수 없다.

서른 말미에 이른 때였다. 사람 때문에 지칠 대로 지친 상태였는데 설상가상으로 심한 슬럼프마저 찾아들었다. 승진을 앞둔 시점이라 불안감이 시도 때도 없이 가시처럼 찔러댔다. 인간관계가 만드는 갈등은 다른 어떤 것보다 불안하고 괴로운 법이다. 상실감과 함께 신뢰가 무너지는 탓이다. 나는 넋을 잃은 사람처럼 허우적거렸다. 거친 파도에 쓸려나가 물 위로 얼굴만 내놓은 채 살려달라고 울부짖는 위태로운 상황이었다. 그런데 아무리 주위를 둘러봐도 손을 내밀어줄 이가 보이지 않았다. 아니, 바로 눈앞에 있는데도 외면했다는 것이 더 적확한 표현일 것이다. 정말 외롭고 힘들었다. 혼자라는 생각에 가슴이 아리도록 슬펐다.

그런 와중에도 이렇게 지치게 하는 것이 무엇인지 궁금했다. 일도 잘하고 관계를 꾸리는 데 쏟는 시간도 적지 않았는데 뭐가 잘못된 것인지 집히지 않았다.

그러던 어느 날 불현듯 슬럼프의 실체가 보이기 시작했다. 바로 경쟁에 대한 집착이었다. 호승지벽이 있었던 탓에 경쟁을 하면 이겨야만 직성이 풀렸다. 뭐든 이기려 들었다. 물론 결과만 보면 훌륭했다. 상사들도 누구나 인정하는 부분이었다.

화근은 그것이었다. 다른 사람과의 경쟁에서 오로지 이기는 데에만 신경 쓰다 보니 관계는 관계대로 망가지고 나 자신도 점차 피폐해지고 있었던 것이다. 특단의 조치가 필요했다. 환경을 바꾸지 않으면 마음을 바꿀 수가 없을 것 같았다.

어느 책인지 모르지만 한동안 눈을 사로잡았던 문장이 생각났다. "자기 자신을 다른 사람과 비교하는 프레임을 버려라. 타인과의 경쟁이 아니라 스스로와의 싸움에서 이겨내는 것을 성공이라고 생각하라. 남들과 경쟁하지 말고 어제의 자신과 경쟁하라."

옳거니! 무릎을 쳤다. 남들과 경쟁하지 말고 어제의 자신과 경쟁하라는 프레임의 전환은 기가 막힌 발상이었다. 타인의 시선과 관계없이 오롯이 자신의 의지에 따라 자신을 바라보며 자신만의 길을 가면 된다는 것 아닌가. 기존의 방식에 물든 자신을 떨쳐버리고 지금껏 만나지 못한 다른 방법을 찾아 자신을 거듭 진보하게 하면 된다는 것 아닌가.

이때부터 시계를 거꾸로 걸었다. 시계를 보면서 잊지 말자는 다짐이었다. 하루를 보내면서 가장 자주 보게 되는 것이 시계였기 때문이다. 그리고 그 옆에 글귀도 써 붙였다. 이것이 과연 최선의 방법인지를 되물어주는 경책이 필요했다. 그런 측면에서 '더 이상 다른 방법은 없는가?'는 아주 적절한 글귀였다. 그러나 공부가 뒤따라야 했기에 실천은 어렵기만 했다.

구조조정과 같은 온갖 비바람에도 흔들림 없이 꿋꿋이 버티며 오래도록 직장 생활 잘 하는 사람들이 있다. 이러한 별종들의 특징 중 하나는 늘 학습하는 습관이 배어 있다는 것이다. 이들은 끊임없이 공부하며 자신의 과거와 경쟁한다. 누구나 인정하는 전문성이란 세월의 길고 짧음이 만들어주는 게 아니라는 것을 잘 알고 있다. 세상이 변하는 만큼 애지중지 쌓아온 지식도 곧 시든다는 사실을 잊지 않는다. 그런 까닭에 자신의 소질을 소중히 여기며 자기계발에 집중한다.

스스로 경쟁력을 높이면 남과의 차이는 자연스레 생겨난다. 여기서 '차이'는 '다름'을 의미하고 이는 곧 차별화로 나타난다. 남보다 더 잘하는 데 무게중심을 두는 것이 아니라 어제의 나보다 발전하는 데 집중함으로써 결과적으로 남과 차별화된다. 시간이 지날수록 더 많은 차이를 만들기 위해 고심하고 분투한다. 이들에겐 남을 딛고 일어서겠다는 경쟁심리가 낮다. 대신 '오늘의 나'는 '어제의 나'와 달라야 한다는 데 관심을 높일 뿐이다. 오직 어제의 나와 오늘의 나 그리고 미래의 나를 경쟁시키는 사람이 되는 것이다.

조직은 쓸모 있는 사람을 절대 버리지 않는다. 더욱이 남과 확실히 다른 뭔가를 지닌 사람이라면 말할 것도 없을 것이다. 마흔이라면 결코 소홀히 하지 말아야 할 삶에 대한 자세다.

그래서 난 후배들과 얘기할 때마다 '휴브리스(Hubris)'라는 말을 즐겨 쓴다. '지나친 오만, 자기 과신'이란 뜻의 그리스어로 토인비가 그의 저서 《역사의 연구》에서 쓴 말이다. 끈끈하게 들러붙는 성공의 자만으로부터 '어제의 성공'을 떼어내 떠나보내야 한다는 메시지를 전하는 데 이보다 더 선동적인 말을 아직 발견하지 못했다.

"역사는 창조적 소수가 바꾸어간다. 그런데 한번 성공한 이 창조적 소수들은 자신들이 성공한 방법을 모든 곳에 다 통하는 절대적 진리인 양 착각하게 된다."

아이러니하게도, 성공에 도취되어 자신의 방법과 능력을 과신하면 그 성공 때문에 반드시 실패한다는 것을 엄중히 경고하면서 그는 휴브리스를 인용했다.

과거의 영광은 미래의 성장을 향한 디딤돌로 삼아야지 결코 숭배할 대상이 아니다. 그 점을 마흔을 넘어서니 신념처럼 여기게 되더라고 말하면 후배들은 대체로 고개를 끄덕인다. 실제로 몇몇 후배는 과거의 영광에 붙잡혀 침몰한 선배들을 더러 보아왔으니까.

과거에 갇히는 만큼 미래에 갇힌다. 반면, 어제의 나에 비추어 앞으로 나아갈 곳을 발견하려고 애쓰는 마흔은 행복할 터다. 그들은 '내가 이루고 싶었던 것이 바로 이것이었는가? 더는 다른 방법이 없는가?'를 늘 스스로에게 묻는다. 그렇게 일에 몰입하되 일에 묻히지 않고 어제의 나에도 붙잡히지 않는 마흔이라면 비바람에도 꿋꿋이 버티며 오래도록 잘 지낼 '별종'임이 틀림없다.

다른 사람과 경쟁하는 것이 아니라 자신에게 시선을 돌리고자 할 때 비로소 기회가 찾아온다. 자신의 내면에서 방법과 열정을 구하고자 할 때 마흔의 성공은 모습을 드러낼 것이다. 나를 지배해왔던 세상의 굴레에서 벗어나 스스로 원하는 길에 접어든 자신을 발견할 수 있을 것이다. 사실 내가 지금 이 책을 쓰고 있는 이유도 과거에 갇힌 '어제의 나'를 깨우고 싶어서다. 미래의 어디쯤 있을 '꿈이 빚어내는 선율'에 맞춰 어깨를 들썩이며 그 곁으로 가고 싶기 때문이다.

　며칠 전에는 회사의 중역인 직계 상사가 현장 순방 차 사무실을 방문했다. 이런저런 업무보고를 받던 중에 벽시계를 힐끗 쳐다보더니 역시나 호기심 가득한 표정으로 물었다.

"시계를 일부러 저렇게 걸어놨나? 그 옆에 있는 말은 무슨 의미인가?"

　여차저차하다는 내 설명을 듣더니 그가 말했다.

"그래? 올해 성과가 유독 뛰어나더니만 바로 저것 때문이었군! 역시 다른 뭔가가 있었어."

　성공적인 삶을 산 이들은 대부분 인생에서 자신이 바라던 결말에 이른다. 그것이 어떤 것이든 꿈을 꾸었기에 그렇게 되었을 것이다. 꿈꾸지 못한 것들은 인생의 부분이 될 수 없다. 성공적인 삶을 갈망하는 마흔이라면 다른 사람이 아닌 어제의 나와 경쟁해야 한다. 그리고 미래의 나를 꿈꾸며 더 뜨겁게 담금질해야 한다.

계속 두드리면 누군가 깨어 문을 열어줄 것이다

마흔 중반의 고개에서 뒤돌아보니 일 빼고는 무엇 하나 제대로 해놓은 것이 없다. 남들은 다 가진 번듯한 집과 고급 세단은 차치하고라도 매달 대출금 이자에 허덕이고 마이너스 통장으로 연명하는 처지다. 지금 살고 있는 손바닥만 한 집 역시, 내 집인 것 같지만 자칫하면 남의 집이 되고 만다. 생각만 해도 가슴이 턱 막히고 절로 한숨이 난다.

마흔이 되면서 언젠가는 배우고 말겠다던 요리를 시작했다. 그렇지만 시작하자마자 시들해져 관두었고 해마다 계획했던 테마 여행은 한 번도 실행에 옮기지 못했다. 어디 요리와 여행뿐인가?

마흔이면 시작하리라 다짐했던 붓글씨는 결국 학원 근처에도 가보지 못한 채 접었다. 학창 시절부터 소망했던 영어회화 완전정복의 꿈은 구석진 책장 위에 모셔진 테이프와 마찬가지로 먼지만 뽀얗게 앉았다.

다시 시작하려고 해마다 계획을 세웠지만 이젠 용기조차 나질 않는다. 그렇다고 이대로 쉰을 맞이하자니 불안하기 짝이 없다. 이러지도 저러지도 못하는 새에 벌써 마흔의 중반에 이르렀다.

마흔에 이른 이들이 무언가를 제대로 이루지 못하는 이유는 조급한데다 버티는 힘이 약하기 때문이다. 시간에 쫓기고 있다는 조급함 때문에 무엇이든 쉽게 결론 내려고 하고, 그 때문에 잡았던 것을 쉽게 놓아버리는 것이다. 시간이 얼마 남지 않았다는 생각에 참고 버티는 힘이 약해지는 거다. 가뜩이나 시간이 없는데 원하는 대로 될지 안 될지도 모르는 것을 붙들고 있어야 하냐는 생각이 솟구치면 어느새 손아귀의 힘이 빠져버린다.

배움을 결심하고 행동에 나섰다가도 대체로 초입에서 포기하고 만다. 몇 걸음만 더 내디디면 성장의 길로 들어설 수 있는데도 초기의 어려움을 뛰어넘지 못하고 좌절하는 것이다. 아쉬운 마음에 '조금만 더 참고 해볼걸!' 하며 후회하지만 다음 시도에서도 또 초입에서 허물어진다.

조급함의 물줄기를 따라 올라가면 그 시원에는 대부분 마흔의 외로움이 자리하고 있다. 외로움은 어떤 부류에 소속되길 원하는 특성이 있다. 혼자서 뭔가를 해보겠다는 '홀로 하는 힘'이 부재하다. 마흔이 되도록 뭔가 제대로 이룩한 것이 없다며 푸념하는 이들이 적지 않은데, 그것은 어쩌면 외로움에 스스로를 방치했기 때문인지도 모른다.

위대한 성취를 이뤄냈거나 자신의 분야에서 일가를 이룬 사람들은 대부분 '홀로 하는 힘'을 제대로 활용했다. 그들에게 외로움은 위대함에 이르는 길목으로 통했다. 스스로 무쇠처럼 단단해지면서 '홀로 하는 힘'을 길러 외로움에서 비롯된 조급함을 이겨내고 원하는 것을 이룬 것이다.

인생의 역경을 이겨낸 그들은 하나같이 "꿈은 스스로 포기하지 않는 한 반드시 이루어지는 것이니 포기하지 말고 홀로 버티라"고 말한다. 또 "잠긴 문은 한 번 두드린다 해서 열리지 않는다. 바로 돌아서지 말고 오래도록 큰 소리로 두드리고 있으면 누군가 깨어나 열어줄 것이다"라며 마음먹은 대로 끝까지 하라고 한다.

개인 연구소를 차린 입사 동기는 지금도 많은 사람 앞에서 강연을 하고 책을 쓰며 원하는 삶을 살고 있다. 그도 처음엔 동기들과 다를 바가 없었다. 매주 있는 마감을 위해 뛰느라 진을 빼고 한 달을 마무리하면서 속도 끓였다.

하지만 그는 힘든 업무 속에서도 남모르게 준비를 했다. 자신의 업무에 대한 책 쓰기였다. 하루를 마치고 아무리 피곤해도 글 쓰는 것을 멈추지 않았다. 그렇게 10년을 넘어서자 한 권의 책이 만들어졌다. 업계에 종사하는 사람들의 반응은 좋았다. 또 한 권을 쓰기 시작했다. 두 번째의 책은 1년 만에 쓰였다. 반응은 전보다 더 좋았다. 그러는 동안 친구는 사내 전문 강사로 자리매김하면서 삶을 바꾸는 작업을 착실하게 진행했다.

강의 요청이 쇄도하면서 입사 13년째, 마흔에 들어서던 그해에 친구는 회사로부터 과감히 독립했다. 용기 있는 도전이었다. 입사 후 처음 경험하는 일이었다. 동기들은 모두 그의 용기에 박수를 보냈다. 그러면서도 한편으로는 고개를 갸우뚱거렸다. 과연 그가 무사히 안착할 수 있을까 하는 의문이었다. 물론 친구는 연구소를 설립한 후 한동안 불안과 두려움에 떨어야 했다. 그러나 불안과 두려움 속에서도 두 권의 책을 더 썼다.

회사를 나가기 전부터 이미 업계에 소문이 나긴 했지만 독립한 이후 그의 주가는 가히 폭발적으로 올랐다. 몸담았던 회사보다 경쟁사들에서 강연 요청이 훨씬 많았다. 그건 그의 실력이 업계에서 인정받았음을 증명하는 것이었다. 운영하는 인터넷 카페도 강의를 들어본 사람들로 북적였다.

언젠가 친구는 저녁 자리에서 자신이 행복하다는 것을 솔직히 터놓았다. 행복의 비결도 숨기지 않았다.

"하고자 하는 것을 절대 놓지 않는 게 성공의 비결이라면 비결이겠지. 직장인이라면 누구나 비슷한 과정을 거치지. 하지만 그 과정에서 무엇을 물고 늘어지느냐에 따라 가는 길이 완전히 달라진다고 생각해. 난 강연과 집필을 물고 늘어졌다고 봐야지. 그 선택이 얼마나 다행이었는지 몰라. 내 삶은 지금 더 바랄 게 없이 행복해."

성공적인 삶을 사는 많은 이들은 인생의 터닝 포인트로 마흔 무렵을 꼽는다. 풍부한 경험과 세상을 읽는 깊은 통찰, 자신만의 삶의 관점과 철학을 어느 정도 구축한 시기이기 때문이다. 더욱이 자신이 지니고 있는 직위나 돈, 재능보다는 어떤 일을 하며 어떻게 살고 있는가에 따라 삶의 가치가 결정된다는 걸 알 만한 나이이기 때문일 터다.

그러니 마흔에 이르러서 조급함과 버티는 힘이 약해졌다고, 이제까지 해놓은 게 없다고 자책할 일이 아니다. 흔히 마흔을 열매 맺는 시기라 생각해서 인생의 전체 모습이 거의 결정된 게 아니냐며 포기하거나 좌절한다. 그러나 도전의 용기를 잃지 말고 기회를 만들어야 하고 아직 오지 않은 쉰이라는 나이에 불안해하지도 말 일이다. 접어버린 것들을 다시 펼쳐놓고 다시금 계획을 세워보고, 중단한 일들을 끄집어 내놓고 다시 도전할 방법을 생각해볼 일이다.

그것이 마흔이 아니면 결코 할 수 없는 일이라면, 마흔에 하지 않으면 평생 후회할 것 같다면 반드시 다시 시작해야 한다. 마흔은 결코 늦지 않은 나이다. "우물을 파되 한 우물을 파라. 샘물이 날 때까지"라고 한 슈바이처의 말이 아니더라도, 마흔이면 안다. 성공하려면 출중한 능력을 가진 자는 못 되더라도 최소한 포기하는 자는 되지 말아야 한다는 것을, 마음먹은 대로 끝까지 해야 한다는 것을.

동기는 오늘 사무실 근처의 시민 강당에서 강연한다고 메시지를 보내왔다. 일정이 빠듯했지만 요청이 많아서 미룰 수가 없었다고 한다. 그와 나는 이제 사는 세상이 다르고 바라보는 곳도 달라졌다. 오랜만인데 저녁 한 끼 하자고 한다. 시원시원한 목소리였다. 선약이 있어도 뒤로 미루고 자기와 함께 해달라며 협박 같은 요청을 했다.

그런데도 그의 협박이 오히려 반가운 것은 무엇 때문일까. 도대체 무엇이 그를 그렇게 당당하게 한 걸까. 그리고 나는 또 왜 동기의 당당함에 슬그머니 주눅이 드는가. 그의 마흔은 어찌 그리 눈부신가!

내 삶의 스토리에
감동을 담아야 할 때

─────── 웬만한 일이라면 눈 감고도 알 수 있는 나이
가 마흔 무렵이다. 일에 대해 쉽게 흥분하거나 좌절하는 일도 드
물다. 어쩌면 그 때문에 더 많은 일에 파묻혀 지내는지도 모른다.
일로 승부한다고 부산을 떨지만 실제론 다른 이들도 마찬가지 상
황이다. 해도 해도 끝이 없는 일 때문에 항상 시간에 쫓긴다. 그래
서 '미래를 준비한다' 따위의 문장은 마흔에게 누릴 수 없는 호사
가 된 지 오래다. 그렇다고 전문가 소리를 듣는 처지에 있는 것도
아니다.

퇴직 연령에 들어선 오십줄의 선배들을 만나면 은퇴 후 무엇을 할 계획인지 가끔 묻곤 했다. 대부분이 이런저런 생각에 가득 차 표정이 복잡하다.

"글쎄, 아직 딱 떠오르는 게 없네. 찾아봐도 좋은 게 안 보여. 우선 2, 3년 쉬어보고 그때 가서 생각해볼까 해."

몇몇 선배에게서 아무렇지 않다는 듯 막연한 대답이 돌아온다. 미래의 삶에 대해 어찌 그리 소홀할 수 있는지, 도대체 그동안 뭘 한 건지 되묻고 싶을 정도다. 일만 보고 밥벌이 터전을 지켜온 대부분 이들의 현실이다.

조직에 몸담고 일하느라 자신의 개인적 삶 따위는 깊숙한 곳에 묻어야 했고 그 대가로 안정된 밥벌이를 보장받았다. 그리고 그 속에서 가장의 책임을 다해왔다. 일에 짓눌리고 시간에 쫓겨 미래를 생각해볼 여유가 없었고 준비할 겨를도 없었다. 그런데 고개를 들어보니 어느새 직장을 떠나야 할 시기가 된 것이다.

일머리는 밝지만 그렇다고 누구나가 인정하는 자기 브랜드가 없으니 인생 2막의 문턱은 높아만 보인다. 그동안 갈고닦은 일로는 앞으로 먹고사는 문제를 해결할 수 없는 상황에 봉착한 것이다. 안타깝지만 현실은 현실이다. 선배들은 말미에 꼭 이 한마디를 덧붙인다.

"이왕 할 거면 일을 제대로 해서 전문가로 인정받고 나와야 해.

나와보면 일하는 것이 얼마나 행복한 건지 금방 알게 되지. 할 수 있을 때 확실히 해서 그 분야에서 계속할 수 있는 자격을 갖추어야 해. 몇십 년을 한곳에서 그 일만 했는데…. 아무리 급해도 생판 낯선 일을 해야 한다면 더 힘든 게 당연하잖아."

마흔을 지나고 있다면 선배들의 이런 말을 곱씹을 필요가 있다. 다시 한 번 일에 대해 생각을 명확히 해야 한다. 마흔이 지나면 하고 싶어도 더는 일할 기회가 없을지도 모르기 때문이다.

마흔이라면 적어도 한 권의 책을 펴낸다는 신념으로 일해야 한다. 자기 자신을 절박하게 몰고 가야 한다. 사람은 상황에 의해 움직인다. '안일한 상황'은 사람을 평범하게 하고 '절박한 상황'은 특출한 인물로 거듭나게 한다. 자신을 벼랑 끝으로 몰아놓고 '승리 아니면 죽음'의 상황을 만들면 승리할 확률이 극히 높아지는데, 다 이런 이유 때문이다.

모든 일은 상황을 어떻게 꾸미는가에 따라 성패가 결정 난다. 간절함과 절박함으로 승부하는 사람을 이기긴 쉽지 않다. 생존을 위해 죽을힘을 다해 도망치는 토끼를 한 끼 식사를 위해 쫓는 여우가 잡을 리 만무하다. 이것이 '상황의 힘'이다.

상황의 힘은 강하다. 마흔에 들어섰다면 지금 하고 있는 일에 온몸을 던져야 한다. 지금의 일이 미래와 연결된 유일한 동아줄임을 알고 자신을 채근하며 한 단계 더 몰아붙여야 한다. 그러지 않는다면 일은 결국 일로 끝난다. 그동안의 밥벌이를 위한 도구였을 뿐이다. 미래로 연결된 동아줄은 낡고 썩어서 곧 끊어지고 말 것이다. 안이한 상황에서는 결코 자기 브랜드를 구축할 수 없다.

훌륭한 책은 감동적인 스토리를 담고 있다. 생생한 삶의 경험이 녹아든 얘기에는 사람을 끌어들이는 강한 힘이 존재한다. 시련과 아픔을 담은 진솔한 내용이라면 더 말할 것도 없다. 이러한 감동적인 스토리는 대부분 그 사람의 비전에서 비롯된다. 사람은 어떤 비전을 갖고 사느냐에 따라 세상을 바라보는 넓이가 달라지고 성취의 크기가 달라지기 때문이다.

비전이 내뿜는 에너지는 얼마나 엄청난가. 보잘것없는 한 인간을 인류의 구원자로 만들기도 하고 불멸의 영웅으로 만들기도 하는 것을 보면 알 수 있지 않은가. 한 권의 책을 펴낸다는 신념으로 일한다는 것은 '자신만의 유일한 세계'를 담은 담대한 비전을 갖고 일한다는 말이다. 한 일터에서 몇 년을 일하며 보냈느냐보다 어떤 비전을 갖고 일을 했느냐가 더 중요한 이유가 여기에 있다.

인생 절정기인 마흔에 있다면 '현실'이 '비전'을 넘게 해서는 안 된다. 현실이 비전을 초월한다는 것은 달리 생각하면 비전이 낮은 것이다. 이런 사람이 큰일을 해낼 리가 없다. 허들을 낮추었으므로 현실이 항상 비전을 넘어설 테니까. 별 노력 없이도 이룰 수 있는 비전이라면 거기서 가치를 찾기는 어렵다. 그런 삶에는 감동적인 스토리가 깃들 수 없다. 절박하고 간절한 뭔가가 없이는 사람을 끌어당기지 못하기 때문이다. 자신의 세계가 없는 얘기에 어느 누가 귀를 갖다 대겠는가.

누구나 이룰 수 있는 성취에 자신의 가치를 부여하고 만족하며 사는 삶은 독이 든 잔을 마시는 것과 다름없다. 한 번 우아하게 마시기 위해 영원한 죽음을 택하는 어리석음일 뿐이다.

마흔이라면 거울에 비추듯 자신을 돌아봐야 한다. 일은 쳐내야할 짐이 아니라 아직 이루지 못한 비전에 다다르기 위한 기회로 재정의해야 한다. 기회란 만만치 않은 현실에서도 굴하지 않고 더듬이를 곧추세우며 묵묵히 미래를 탐지하는 장비와 같다. 이 장비를 잘 쓸 수 있을 때 자신만의 성을 가질 수 있다.

한 성의 성주가 되려면 아무리 작은 분야일지라도 거기서 최고가 되기를 갈구해야 한다. 그 분야에서 놀라운 창조를 이루어야 한다. 머리로는 다양한 분야로 끝없이 관심이 뻗치도록 하고 가슴속에는 담대한 꿈들이 들끓게 해야 한다. 또 아주 작은 틈일지라도 최고가 될 기회로 보이면 필사적으로 매달려야 한다.

어디서 어떤 조건으로 일하건 그것은 껍데기의 문제다. 본질적인 문제는 그 분야에서 전문가가 되는가 아닌가다. 무리 속에 섞여 있으면서 자신의 존재가 사라지지 않고, 존재하는 자신으로 말미암아 무리를 빛나게 하는 길은 오로지 일에 전문가가 되는 것뿐이다.

이것이 한 성의 성주가 되고 무리 속에서 오래도록 살아남을 수 있는 유일한 방법이다. 또한 마흔에 한 권의 책을 펴낸다는 신념을 갖고 일해야 하는 이유다.

생명의 진화가 '자연의 선택'에 좌우된다면 인생의 절정기를 관통하는 마흔의 삶은 일에 대한 '태도의 선택'에 의해 결정된다. 지금 모습 그대로 그 자리에 있을 것인지 아니면 눈부시게 진화할 날을 꿈꾸며 앞으로 나아갈 것인지 스스로 선택해야 한다.

꿈꾸고 갈망하지 않는다면 바로 눈앞을 지나더라도 알 수 없는 것이 기회라는 놈이다. 비전을 세우고 의미를 찾을 때 비로소 최고가 될 기회가 찾아온다. 햇볕이 잘 들고 적당한 돌과 부토에 수분도 충분하며 바람벽 같은 둔덕이 있는 곳을 선택해 나무를 심는다면 그 나무는 훌륭하게 자랄 것이다. 그러한 좋은 자리를 찾기 위해 눈을 크게 뜨고 촉수를 세우는 것이 비전을 세우고 의미를 찾는 일이다.

마흔이라면 적어도 한 권의 책을 펴낸다는 신념으로 일해야 한다. 전문가가 되어야 한다. 그리고 그 책에다 감동적인 얘기들을 쏟아부어야 한다. 곧 밀어닥칠 인생 2막 앞에서 좌절하거나 방황하지 않으려면 마땅히 그래야 한다.

가끔 나는 가냘픈 호흡에 의지한 채 눈감을 날이 얼마 남지 않은 때로 날아가 나에게 물어본다.

'삶이 나에게 요구한 것이 무엇이었는가?'

'내 삶에 어떤 스토리를 담으며 살았는가?'

'나의 삶은 얼마나 절박하고 간절했던가?'